괴테,
악마와 내기를 하다

탐 철학 소설 32

괴테, 악마와 내기를 하다

초판 1쇄　　　2017년 7월 12일
초판 2쇄　　　2021년 1월 25일

지은이　　　　김경후

책임 편집　　　김하늘
마케팅　　　　강백산, 강지연
디자인　　　　이정화
표지 일러스트　박근용

펴낸이　　　　이재일
펴낸곳　　　　토토북

주소 04034 서울시 마포구 양화로11길 18 3층 (서교동, 원오빌딩)
전화 02-332-6255 | 팩스 02-332-6286
홈페이지 www.totobook.com | 전자우편 totobooks@hanmail.net
출판등록 2002년 5월 30일 제10-2394호
ISBN 978-89-6496-344-9 44100
ISBN 978-89-6496-136-0 44100 (세트)

● 이 책의 사용 연령은 14세 이상입니다.
● 탐은 토토북의 청소년 출판 전문 브랜드입니다.

괴테,
악마와 내기를 하다

김경후
지음

32
탐
철학
소설

탐

차례

추천 도서와 필독 도서, 지정 도서에서 빠지지 않는 작품 중 하나가 괴테의 《파우스트》였다. 그래도 전공이 독문학이고 자기소개를 할 때마다 나름 책 읽기가 취미라고 했으니 꼭 읽어 보기로 했다. 호기심도 들었다. 대체 어떤 작품이기에 모든 목록에 들어 있는지 궁금했다. 그러나 도서관 서가에서 《파우스트》를 마주칠 때마다 본능적으로 반걸음 정도 뒷걸음칠 수밖에 없었다. 우스갯소리로 책이 지루하면 베개로 쓰면 된다고 하지만 베개로 썼다가는 목이 꺾일 만한 두께였다. 컵라면 뚜껑으로 쓰다가는 용기가 모두 우그러질 무게였다. 게다가 주변에 널린 《파우스트》 관련 책들을 보면 한숨 한 번 쉬고 고개를 푹 숙이고 터덜터덜 다시 도서관을 나오곤 했다.

괴테는 거의 60년에 걸쳐 《파우스트》를 썼다고 한다. 나는 《파우스트》를 읽는 데 거의 30년이 걸린 것 같다. 학문적으로 연구를 한 게 아니다! 《파우스트》를 잘 이해하거나 분석할 수 없다는 것을 아는 데 걸린 시간이다! 《파우스트》는 읽고 줄거리를 이야기하고 주인공의 삶에 감동하는 책이 아니다. 최소한 나의 짧고 단순하고 아둔한 문학적 감상으로는 그렇다.

《파우스트》는 사람이라면 누구나 한 번쯤 품는 질문, '인간이란 무엇인가', '사는 것은 무엇인가'에 대한 것임이 틀림없다. 그러나《파우스트》는 그 커다란 질문에 대답 비슷한 것이나 정답이 아니다. 오히려 그 질문을 더 깊고 거대한 질문으로, 이제는 도저히 말로는 하지도 못할 질문으로 되돌려 준다. 그런데 어쩌면 이것이야말로 우리가 인간이라는 존재로 살면서 할 수 있는 가장 가치 있는 것이 아닐까? 어제에 대해, 지금에 대해, 내일에 대해, 나에 대해, 너에 대해, 우리에 대해 멈추지 않고 질문하고 통찰하는 것.

위대한 문학 작품, 혹은 지금까지도 고전이었고 앞으로도 고전일 책이 있다면 그 책은 어떤 책이어야 할까? 그 나라의 문화와 역사, 예술에만 영향을 주는 데 그치지 않고 시대와 국가, 민족을 떠나 오래오래 읽으며 후손에게도 읽으라고 말해 주려면 어떤 책이어야 할까? 그건 아마 인간이란 무엇인지, 어떻게 살아가야 하는지 빤히 보이는 답을 주는 게 아니라 시대와 장소를 넘어 끊임없이 스스로 질문하게 만드는 책이어야 하지 않을까? 탐구 결과를 제시하는 것이 아니라 탐구하게 만드는 시약 같은 책. 이런 의미에서 첫 번째로 꼽을 수 있는 게 바로 괴테의 《파우스트》다.

　이 책을 쓰면서 가장 고민했던 건 '괴테의 이 위대한 질문을 어떻게 또박또박 전달할 것인가'였다. 어려움에 부딪힐 때마다 그나마 청소년이 이해하기 쉬운 1부만을 다룰까 하는 유혹이 있었다. 그러나 조금이라도 《파우스트》를 읽은 사람이라면 질문을 질문으로, 의문을 의문으로, 가슴 벅찬 아름다움을 가슴 벅찬 아름다움으로 넘겨주려고 노력해야 한다고 믿는다. 그렇다고 청소년에게 "일단 읽으세요. 훌륭한 작품이니 힘들어도 극복하고 읽어야 합니다."라고 할 수는 없다. 그런 식의 독서야말로 멋진 문학 작품에 대한 가장 큰 실례가 아닐까? 내 능력을 벗어나는 욕심일지 몰라도 작품을 훼손하거나 오해할 여지를 최소화하면서도 청소년이 《파우스트》를 즐겁고 흥미롭게, 그러면서도 깊이 있게 자신의 문제로 읽기를 원했다.

이 과정에서 원작 《파우스트》의 모험을 떠나는 주인공을 새로 설정해야 했다. 나이가 지긋하고 학문적 열정이 넘치는 파우스트 박사, 그리스 신화의 헬레네, 악마 메피스토펠레스 등 원작 등장인물 중에는 청소년의 공감을 얻을 수 있는 인물이 없었다. 다행히 예전보다 인공 지능, 과학, 인조인간 등에 대해서 괴테 시대나 이후의 어느 시대보다 우리 시대의 청소년이 더 많이 이해하고 흥미를 보인다. 그래서 원작 《파우스트》에 나오는 '호문쿨루스'를 '문수'라는 이름의 인조인간 소년으로 바꿔 주인공으로 내세웠다. 그리고 《파우스트》에서 '호문쿨루스'를 만드는 파우스트 박사의 제자인 '바그너'를 모델로 문수의 엄마인 '박은오 박사'라는 인물을 만들었다. 비록 '바그너'와 '호문쿨루스'가 원작에서 주인공은 아니었지만, 파우스트가 메피스토펠레스를 만나 떠나는 여행과 모험이 '문수'와 '박은오 박사'를 통해 충분히 전달되기를 바란다.

인간은 노력하는 한 사랑을 찾는다

《파우스트》가 청소년뿐 아니라 많은 사람에게 어려운 여러 이유 중 하나는 중세와 근대, 고대까지 여러 공간과 시대, 환상과 전설, 과학과 마술, 악마와 천상까지 다양한 요소들이 섞여 있기 때문이다. 그중에는 고대 그리스를 배경으로 하는 신화 속 여러 인물이 등장하기도 한다. 원작은 이들 인물에 대한 기본적인 이해를 전제로 전개되어 청소년에겐 낯설수밖에 없다. 그래서 등장인물을 통해 이를 대화의 방식으로 풀어서 보완했다.

이 모든 것이 원작에는 미치지 못할 일들이다. 다만 서툰 노력으로 이루어진 이 책을 읽은 많은 사람이 《파우스트》를 간절하게 읽고 싶어지기를 바랄 뿐이다.

《파우스트》를 읽는 지극한 행복과 행운을 누리길
김경후

1

인간은
노력하는 한
사랑을 찾는다

호문쿨루스와 실험광

문수는 두 손을 호주머니에 넣고 걷고 있었다. 서너 명의 아이들이 옆을 지나가며 그에게 소리쳤다.

"야, 빨리 뛰어. 지각이야, 지각!"

"알고 있어."

"에이, 또 영혼 없는 대답, 먼저 간다."

아이들이 웃으며 뛰어갔다. 문수는 문득 걸음을 멈추고 하늘을 바라보았다. 하늘은 뿌옇고 누렇다 못해 붉게 보였다.

'이런 황사는 인간뿐 아니라 기계와 인조인간에게도 좋지 않지.'

그는 발걸음을 돌려 느릿느릿 집으로 향했다. 그의 집은 마을과 제법 떨어진 곳에 있었다. 사실 집이라기보다는 버려진 건축 자재와 재활용품들의 무덤처럼 보였다. 녹슨 문은 다 떨어져 덜컹거렸고 지붕은 기울고 곳곳에서 비가 샜다. 창문이라고 성할 리가 없었다. 유리보다 녹색 테이프와 마분지로 이어 붙인 부분이 더 넓었다. 그는 삐걱거리는 계단을 올라 박은오 박사가 있는 이 층 실험실로 들어 갔다.

"아니, 오늘도 그냥 돌아온 거냐?"

"엄마, 벌써 오후라고요. 이 몸으로 더 버티는 건 무리예요."

"그래도 좀 더 버텨 봐. 학교도 잘 다니고."

"설마 저 꼬마 인간들과 계속 학교에 다니면 언젠가 내가 인간이 될 거로 생각하는 건 아니죠?"

문수는 얼굴을 찌푸리며 말했다. 붉은 액체가 든 비커와 증기가 나오는 플라스크에만 열중해 있던 박은오 박사는 문수 쪽을 뒤돌아 보며 말했다.

"난쟁이 인간이라는 뜻의 호문쿨루스가 꼬마 인간이라는 말을 하다니 재밌구나. 호호호."

"장난치지 말고 빨리 연구나 해요. 어서 날 인간으로 만들어 달 라고요. 이렇게 어정쩡한 상태 말고요. 차라리 똑똑한 로봇 공학자들 한테 확 가 버리는 게 낫겠어요."

이 말을 들은 박사의 얼굴은 비커의 붉은 액체보다 더 붉어졌다. 그녀는 실험대에 비커를 집어던지듯이 내려놓았다.

"바보 같은 소리! 넌 이제 곧 완벽한 인간이 될 거야, 완벽한 인 간! 그런데 감히 로봇 같은 거랑 비교하다니! 꿈에서라도 생각하지 마라. 로봇? 흥! 단순한 일을 도와주는 기계이거나 기껏해야 축적된 데이터를 이용해서 게임을 하고 음성이나 표정에 반응이나 하는 로봇과 너 자신을 비교하다니! 넌 기계가 아니야, 인간의 물질을 통해 만든 인간이라고."

"아직 불완전한 인간이지요. 그래서 미안하지만 난 꿈도 꾸지 못하잖아요. 그런데도 인간의 몸 일부로 만들어져서 그런지 영문도 모른 채 인간이 되고 싶은 욕망만 있고요. 쳇!"

문수는 표정 하나 바뀌지 않았지만 비아냥거리는 말투였다. 그리고 덜커덩거리는 창문을 손가락질하며 툴툴거렸다.

"그게 안 되면 그 잘난 인조인간 만드는 기술로 돈을 벌어 최소한 창문은 제대로 달린 집에서 살기라도 해요."

박사는 물끄러미 문수를 쳐다보다가 낮은 목소리로 말했다.

"얘야, 조금만 더 기다리렴. 널 완벽한 인간으로 만들고 나면 곧 우린 엄청난 부자가 될 거다. 그 전까지 이 놀라운 실험을 그 누구도 알아서는 안 돼. 연구소나 커다란 기업에서 지금까지의 성과만 알아도 당장 달려들어 내 업적을 다 가져가 버릴 거야. 그럴 순 없지. 자, 좀 쉬는 게 좋지 않겠니?"

"네, 그래야겠어요. 팔다리에 힘이 다 빠졌어요. 잘 자요, 엄마."

문수는 실험실 옆 구석방으로 들어갔다. 그곳에는 실험실의 검은 상자와 여러 줄의 얇은 유리관으로 연결된 침대만 한 투명 상자가 놓여 있었다. 그는 축 늘어진 채 투명 상자 안에 들어가 몸을 누였다.

크지도 작지도 않은 키에 하얀 얼굴, 누구보다 똑똑하고 얌전해 보이는 소년. 그러나 문수는 인간이 아닌 호문쿨루스였다. 동네 이웃들과 학교 사람들은 문수가 과학에 미친 어느 아줌마의 아들이라고 생각했지만, 반은 맞고 반은 틀린 말이었다. 박은오 박사가 인간의 세포와 몸 일부를 열, 증류, 기타 화학 실험을 통해 만든 인조인간이니까 그녀의 아들이라고 해도 되겠지만, 엄마와 아빠의 유전자를 받고 엄마의 자궁을 통해 태어난 보통 아들과는 달랐으니 말이다.

'로봇은 인간의 일부로 만드는 것도 아니고 인간이 되는 것이 목적도 아니야. 로봇은 인간을 도와주기 위한 도구, 잘 만들어진 기계일 뿐이지. 문수랑은 달라.'

박사는 로봇을 만들고 싶은 게 아니었다. 자신의 과학적 능력과 지식만으로 완벽한 인간을 만들고 싶었다. 인간보다 더욱 완벽한 인간. 사실 인조인간을 만드는 실험의 역사는 굉장히 오래되었다. 수리수리 마수리, 이런 주문을 외우는 사람이라고만 알고 있는 중세의 연금술사들은 황금을 만들려는 실험에 몰두한 만큼이나 인조인간을 만드는 실험에도 열중했었다. 새로운 과학 지식과 실험 도구가 나날이 발전해 가면서 인간의 능력이 무한하다는 믿음이 커졌다. 신을 창조주라고 부르는 이유, 인간을 만드는 능력, 그걸 실험실에서도 할 수 있으리라는 믿음, 그리고 그 믿음만큼 큰 노력만 있으면 언젠가 신의 영역에 도달할 수 있다고 믿었다.

　박은오는 젊을 때부터 뛰어난 과학자였다. 그리고 그 능력만큼이나 욕심도 많았다. 그 누구도 하지 못한 일로 세상 누구보다 명예와 부를 누리고 싶었다. 그녀의 욕심과 능력과 노력의 결과가 바로 호문쿨루스, 문수였다. 물론 아직 아무도 문수나 호문쿨루스의 존재에 대해선 모른다. 학계에 섣부르게 발표하고 싶진 않았다. 문수는 겉보기엔 멀쩡한 인간이지만, 하루 열여덟 시간 정도는 투명한 시험관에서 영양과 각종 정보를 업데이트 받아야 했다. 마치 충전해야 다시 움직일 수 있는 배터리 인형처럼.

절박하면 악마라도 붙잡는다

희끗희끗한 머리에 너덜거리는 슬리퍼를 끌며 박사는 문수의 유리관에 다가갔다.

"아들아, 넌 이 세상에서 유일한 존재가 될 거야. 엄마가 열심히 할게. 그래서 말인데 오늘 밤엔 네게 옛날이야기를 들려줄 수 없을 거 같구나. 이해해 주렴. 곧 네 세포에 활력을 줄 약물과 함께 수면 가스를 좀 넣어 주마."

박사는 미안한 듯 흐트러진 머리를 긁적이며 조용히 말했다. 차가운 유리관 너머로 문수가 눈을 살며시 뜨고 웃어 보였다.

'시간이 없어. 문수의 세포들이 점점 빨리 늙고 있는 거 같아. 왜 그럴까? 하긴 그 무엇이라도 이렇게 낡고 지저분한 곳에선 병이 들 거야. 돈을 벌어 좋은 집으로 이사 가고 문수가 완전한 인간이 되는 것, 둘 다 해결할 방법은 없는 걸까? 아, 내 능력이 이거밖에 안 된단

말인가. 겨우 이거밖에…….'

박사는 어두컴컴한 실험실 구석에 웅크리고 앉아 흐느꼈다. 실험에 미친 사람이라는 소리까지 들으면서도 과학의 끝을 자기 손으로 이룩하고자 했던 젊은 날이 어리석게 느껴지기도 했다. 그리고 문수에게 미안했다. 호문쿨루스로 태어났지만 문수는 박사에게 단지 실험의 결과물만은 아니었다. 자신의 인생, 바로 그 자체이기도 했다. 그녀는 절망과 슬픔 속에서 아무것도 하지 않고 멍하니 어둠을 바라보았다.

'내 실험이 잘못된 거 같진 않아. 그런데 왜 문수는 인간이 되지 않는 걸까? 왜? 왜!'

그때 어둠보다 더 어둡고 무거운 목소리가 들렸다.

"어이, 어리석은 인간, 이런 쓰레기더미 같은 실험실에 박혀서 그렇게 고민해 봤자 아무것도 나오지 않아. 매일 약품 몇 개나 만지작거리며 최고의 과학자로 떠받들어지길 바라다니, 세상 최고의 부자가 되길 바라다니, 인간을 창조하는 신이 되길 바라다니, 지나가던 개가 웃을 일이지. 흐흐흐."

그곳엔 깡마른 검은 개 한 마리가 서 있었다. 박사는 개를 한 번 흘깃 쳐다보고는 조용하고 단호한 목소리로 말했다.

"너 같은 건 모르겠지. 인간은 지금까지 한 번도 쉬지 않고 세상을 바꿔 왔어. 과학은 모든 걸 바꿔 왔고 앞으로도 그럴 거야. 신만이 할 수 있는 일이라고 여겼던 것들까지도 말이야."

"어이, 일단 그걸 떠나서 개가 갑자기 나타나 말을 걸면 '헉!'이라든가 '에구머니나!' 뭐 이러면서 놀라는 게 순서 아니야?"

"개가 말을 하는 게 그리 놀라운 일인가? 대체 지금이 어느 시대인데. 개의 뇌에서 전기 신호를 받아 인간의 말로 바꾸는 장치 하나면 되는데."

"이보게, 난 그냥 개가 아닐세. 자, 나는 누굴까요? 히히히."

검은 개의 모습이 흐늘흐늘해지더니 한쪽 발은 말굽에 몸통은 기다랗고 구부정하고 아주 흉측한 사람 비슷한 무엇으로 바뀌었다. 박사는 흠칫 놀라기는 했지만 애써 침착한 척했다.

"그, 그래도 처, 천사는 아닌 거 같군."

"하! 천사? 아니 과학자 선생님께서 갑자기 그런 비과학적인 말씀을 하시다니! 놀랍군."

"그, 그래, 아무튼 웬 놈이냐?"

그것은 시커먼 망토를 한 번 휘두르더니 연기가 되어 실험실 곳곳을 쏘다니며 외쳤다.

"나는 당신의 친구, 사람들의 다정한 친구, 그러나 당신보다 욕심도 적고 인간보다 악하지 않은 친구지. 하하하. 나는 악을 원하지만, 착한 일을 하는 힘의 일부가 되어 버리지. 인간처럼 착한 일을 하는 척하면서 항상 나쁜 짓만 하지는 않지. 하하하."

"수수께끼 같은 말 하지 마. 넌 사기꾼이거나 내가 악몽을 꾸고 있거나 그것도 아니면 넌 악마야!"

박사가 소리치자 그것은 갑자기 방향을 틀어 박사의 얼굴에 충혈된 번뜩이는 눈을 들이댔다. 그러고는 코웃음을 치며 말했다.

"흥, 사기꾼이라고? 요즘엔 악마도 인간에게 사기를 당하던걸. 자기들끼리 죽이고 싸우고 훔치다 못해 악마까지도 속여 먹는 게 누군데? 욕망과 이기심이 끝도 없는 게 누군데? 신이 악마에게 이 세상을 맡겼다면 훨씬 더 평화로웠을 거야. 너희 인간들은 결국 지구를 다 망하게 하고 기껏 신과 악마 탓이나 하겠지."

"난 인간 대표도 아니고 당신과 토론하면서 놀아 줄 생각 없어. 시끄럽게 굴지 말고 사라져. 난 일 분 일 초라도 더 연구해야 해."

"아차차, 미안. 내가 좀 흥분했군. 그렇게 섭섭하게 말하지 마. 본론으로 들어가서 난 당신을 돕고 싶어. 당신 소원을 이뤄주고 싶다고. 지금 당신은 너무 불행하고 비참해. 악마가 괴롭히고 싶은 마음이 전혀 생기지 않을 정도로. 연구는 제자리걸음이고 사랑스러운 호문쿨루스는 계속 쇠약해지고. 자신의 운명을 박사에게 맡기고 인간이 뭔지도 모른 채 어쩌다 인간이 되고 싶은 소원 하나를 가지고…… 쯧쯧."

박사의 가슴속에선 고통과 절망이 회오리쳤다. 그녀는 많이 늙었고 세상은 너무 빨리 돌아가고 있었으며 험난했다. 만약 자신이 갑자기 죽음을 맞이하고 문수 혼자만 세상에 남게 된다면 어떻게 될지, 세상이 과연 문수의 존재를 용서할지, 실험 도구나 구경거리가 되지 않을지, 아니 그전에 문수도 자신과 마찬가지로 무너져 가는 집에서 쓸쓸하게 사라져 버릴지도 몰랐다.

'나만 믿고 있다가 결국 나를 원망하면서 사라지겠지.'

혼란스런 생각들로 그녀의 머리는 뒤죽박죽이 되어 버렸다.

"이 악마야, 그래서? 네가 원하는 게 대체 뭐냐?"

"말했잖아. 과학에 대한 욕망과 돈에 대한 욕심도 채워 주고 문수가 인간이 되도록 도와주지. 사실 당신이 놓치고 있는 게 있거든. 저 아이는 당신 말대로 완벽하진 않지만 거의 완벽해. 그런데 인간이라고 보기엔 지적 능력만 빼고 감정, 경험, 고민, 사랑, 다른 사람과의 만남은 지나치게 부족하지. 가끔 학교에 왔다 갔다 하는 거로는 부족해. 저 아이에게 인간이라면 할 수 있는 최고를 경험하게 해 주겠어. 인류 역사상 가장 위대한 경험들을 말이야. 이런 특별 과외를 아무나 받을 수 있는 줄 알아? 영광인 줄 알아. 아, 그런데 이런 수고와 노력의 대가가 나에게도 조금은 있어야겠지? 만약 저 호문쿨루스가 나의 도움으로 완전한 인간이 된다면 박사가 죽은 다음 그 영혼을 내가 가져갈게. 어때?"

박사는 검은 안개로 흘러 다니는 악마의 말을 잠자코 듣고 있었다. 그녀는 신과 악마와 천사는 과학이 발달하기 이전의 인간들이 불안감을 견디기 위해 만들어 낸 환상에 불과하다고 믿고 있었다. 죽는다는 건 그저 몸의 단백질과 지방과 기타 성분들이 썩어 사라지는 자연스러운 물질의 소멸일 뿐이었다. 없다고 믿는 영혼을 가져간다는데 그리 손해 보는 건 없을 것 같았다. 설사 자신에게 영혼이 있더라도 평생의 소망을 이룰 수만 있다면 영혼 정도는 줘도 괜찮을 것 같았다. 그러니 자꾸 무엇이든 도와주겠다는 저 악마에게 도움을 받아도 별문제는 없을 것이다.

게다가 문수의 부족한 점 역시 박사도 생각한 적이 있었다. 나무 한 그루가 자라기 위해서도 햇빛과 바람과 온도와 새소리와 물과 빛과 흙이 필요하다. 죽은 나무와 살아 있는 나무의 차이는 끊임없는 성장이고 변화이다. 받아들이는 것과 내보내는 것, 만남과 반응하고 적응하는 것, 발전하거나 쇠퇴하거나. 그러나 문수를 학교에 보내는 것 말고 박사는 아무것도 해 줄 수가 없었다. 세포 재생과 순환 기관 청소, 지식을 데이터로 업데이트하는 것 외에는 지저분한 실험실에서 무엇을 할 수 있겠는가.

"콜?"

"콜!"

박사와 악마가 너무 큰 소리로 떠드는 통에 문수는 잠을 깼다. 늘 증기와 실험 도구들이 달그락거리는 소리밖에 나지 않던 실험실에서 처음 들어 보는 목소리가 있었다. 그는 실험실에 들어가 봐야겠다고 생각했다.

"엄마, 저건 뭐예요?"

"에구머니나! 놀라라!"

신나게 떠들고 있던 악마는 문수를 발견하고는 소란을 떨었다. 그리고 절름거리는 발로 뒷걸음질을 치다 바닥에 있던 비닐봉지를 잘못 디뎌 넘어지고 말았다. 설상가상으로 그 봉투에서 녹아내린 초콜릿으로 악마의 손은 엉망진창이 되어 버렸다. 악마는 발을 구르며 자신의 끈적거리는 손바닥을 들이밀고 박사에게 청소 좀 하고 살라고 고래고래 소리를 질렀다.

"나 재밌으라고 개그맨 부른 거예요?"

문수의 말에 악마는 화를 참는 듯 이를 악다물더니 뒤엉킨 초콜릿과 비닐봉지를 손에 쥐고 구겨 버렸다. 그러다 갑자기 뜨거운 불에 데기라도 했는지 비명을 질렀다. 문수는 참 지루한 개그라고 생각했다. 박사는 문수 역시 이 악마를 보고 있다는 건 지금까지 꿈을 꾸거나 자신이 미쳐 버린 건 아니라고 안심했다.

악마는 불타 버린 나뭇가지 같은 손가락으로 조심스럽게 봉투를 펼쳤다. 거기에선 초콜릿과 구겨져 엉망이 된 카드 한 장이 나왔다. 카드에는 조그만 분홍 하트들과 꽃과 십자가들이 그려져 있었다. 악마는 혀를 끌끌 차고 머리를 뒤로 젖히며 웃더니 바닥을 굴러다니며 카드를 읽기 시작했다.

내 짝꿍 문수야, 안녕. 네가 빨리 건강해져서 매일 볼 수 있으면 좋겠어. 너와 함께 숙제도 하고 얘기도 많이 나누고 싶어. 신께 네가 건강하게 해 달라고 기도할게. 그리고 우리가 좀 더 친해지게 해 달라고 함께 기도하자.

해피 발렌타인, 너의 예현이 나의 문수에게

"우하하하. 맙소사. 대체 호문쿨루스에게 호감을 느끼는 여자애는 어떤 아일까? 악마조차 호기심에 근질근질하군."

문수는 자신을 놀리는 게 전혀 재밌지 않았고 기분이 나쁘지도 않았다. 단지 앞에 있는 새롭고 이상한 악마가 조금 신경 쓰였다.

"근데 넌 하트 모양이 무서워? 십자가는 무섭니?"

"설마, 그럴 리가 있나. 난 악마 님이셔. 무서워하다니, 단지 좋아하지 않을 뿐이지. 속이 약간 메슥거린다고 할까? 메피스토펠레스(이하 메피스토라고 함)라는 내 이름은 '빛을 싫어하는 자'라는 뜻이지. 여기에 걸맞게 반짝이고 따스하고 성스러운 건 딱 질색이야."

그제야 박사와 문수는 악마에게도 이름이 있고 그 이름이 메피스토라는 걸 알았다. 그의 이름을 듣고 박사와 문수는 현상 수배자에게서 느껴지는 께름칙하고 으스스한 기분이 들었지만 내색하진 않았다.

이제 메피스토는 턱에 손을 대고 왔다 갔다 하며 중얼거리기 시작했다.

"음…… 예현이라. 예현이, 예현? 그래, 좋은 생각이 있어. 역시 인간이 되기 위해서 가장 중요한 것은 사랑이지, 사랑! 자, 문수야, 가자! 얼른!"

메피스토는 문수의 손을 잡았다. 문수는 깜짝 놀라 손을 뺐다. 지금까지 이 손처럼 차갑고 축축하고 끈적거리는 건 만져 본 적이 없었다. 문수는 메피스토와 박사를 번갈아 쳐다보았다. 그리고 자신이 잠들어 있는 동안 일어났던 일들을 모두 들었다. 메피스토는 호의라고 부르고 박사는 밑져야 본전이라고 부르는 계약에 대해서도 들었다. 물론 그 계약에 박사의 영혼이 걸려 있다는 것만 빼고 말이다.

"박사, 우리는 완벽한 인간을 위한 여행을 잠시 다녀오겠소. 그동안 연구 성과가 있길 바라오. 같이 노력합시다. 자, 우선 널 젊고 멋진 청년으로 만들어야겠다. 중학생의 모습으로 세상을 누빌 순 없지. 이 외투를 입거라. 그리고 날아오르는 흉내를 내 보렴."

사랑에 빠진 인조인간

처음에 문수는 한밤중의 장난이라고 생각했다. 인간들이 말하는 악몽이나 환상을 드디어 자신도 경험하는 것 아니냐는 생각도 했다. 그런데 아무래도 이건 너무 진지하고 심각한 장난이었고, 악몽이라기엔 너무 길었으며, 증강 현실이나 가상 현실 게임이라기엔 지나치게 비현실적이었다. 어느새 마녀의 부엌이라니 말이다.

부엌 한가운데에선 커다란 무쇠솥이 울긋불긋한 거품을 뿜어 올리며 끓고 있었다. 그 안엔 냄새도 색깔도 질감도 괴상한 액체가 부글거렸는데 긴꼬리원숭이가 국자로 가끔 거품을 걷어 내거나 휘저어 주었다. 메피스토가 음흉한 웃음을 지으며 구경했고, 문수는 거품이 만들어 내는 이상한 짐승과 사람의 모습을 물끄러미 지켜봤다.

"너희는 뭐냐? 감히 여기에 기어들어 와? 지옥의 맛을 보여 주마! 낄낄낄."

주름으로 뒤덮인 얼굴을 실룩거리며 마녀가 들어왔다. 마녀는 불꽃을 던지며 공격했다. 여기저기 그릇들이 뒤집히고 떨어졌다. 이에 질세라 메피스토는 빗자루와 항아리를 집어 들고 마녀를 공격했고 부엌에 있는 모든 것을 박살 냈다.

"멍청한 마녀 같으니라고! 주인도 못 알아보고 어디서 건방을 떨어? 이런 쓸모없는 것!"

마녀는 갑자기 무릎을 꿇더니 두 손을 싹싹 비비며 용서를 빌었다.

"그만하면 됐어. 또 그러기만 해 봐라. 얼른 마법의 약물과 주문으로 이 아이를 멋진 젊은이로 만들어 봐."

"메피스토, 나한테 이상한 짓 하면 가만 안 두겠어!"

문수는 눈에 힘을 주고 메피스토를 흘겨봤다. 마녀는 잔뜩 호기심 어린 눈빛으로 문수 곁을 한참 맴돌더니 시궁창보다 더럽고 구역질 나는 액체를 가져왔다. 돼지우리에서 퍼 와도 이보다는 더 깨끗할 것 같았다.

"대령했습니다요, 주인님. 에헤헤. 그럼 소인은 이제 마녀의 구구단을 외우도록 합죠. 아주 만족하실 겁니다요. 자, 마녀의 구구단, 일에서 십을 만들어 이를 빼면 삼, 사는 버려라, 마녀의 말대로 오와 육을 만들어라, 칠과 팔을 만들면, 구, 이제 끝, 십은 영이 되지."

내키지 않았지만 마녀의 부엌까지 와서 마법의 약을 거절할 순 없었다. 문수는 단숨에 약을 들이켰다. 그러자 머리가 욱신거리고 힘이 솟는 것 같더니 뼈가 끊어질 듯 아프면서 몸이 점점 커졌다. 그는 자신이 이 정도까지 육체의 고통을 느낄 수 있는 존재라는 걸 처음 알았다. 말은 들어 봤지만 아프다는 게 이런 거란 말인가. 이런 참을 수 없는 고통을 받아들여야 하는 것이 인간의 몸이란 말인가. 이 고통 다음은 무엇인가. 왜 자신은 그토록 인간이 되고 싶어 했을까. 문수는 한 번도 해 본 적 없는 질문을 자신에게 던지고 정신을 잃었다.

큰 거리 한가운데서 다시 눈을 떴다. 그리고 문수는 자신이 어른 남자의 몸이 되었다는 걸 알기도 전에 곁을 지나가는 젊은 여자를 봤다. 가슴이 쿵쾅거리고 어지럽고 그녀가 자신의 눈 속으로 크게 들어오는 느낌이었다. 이건 정상적인 상태가 아니었다. 얼른 유리관에 들어가 검사를 받고 세포를 깨끗이 닦고 에너지를 얻어야 할 것 같았다. 생각은 그렇게 했지만 어찌 된 일인지 그의 두 다리는 젊은 여자를 쫓아가고 있었다. 뇌의 신경 전달 물질이나 운동 자극 반응에 틀림없이 문제가 생겼을 것이다. 그는 여자를 계속 따라가 그녀의 어깨를 살짝 치고 웃으며 인사를 했다.

"저기요, 처음 뵙겠습니다. 어디 가시는지 제가 아가씨를 모셔다 드릴까 합니다만."

"어머, 왜 이러세요? 필요 없어요."

"잠시 제게 시간을 주실 수……."

"바빠요!"

여자가 휙 돌아보며 문수를 흘겨보고는 빠른 걸음으로 달아났다. 문수는 멀어져 가는 여자를 멍하니 바라보았다. 그녀 어깨에 손이 닿았을 때의 느낌이 손끝에서 심장으로 전해져 왔다. 흘겨보는 여자의 눈빛을 떠올리자 쇠망치가 가슴에 못을 박는 것 같은 통증이 느껴졌다. 그때 메피스토가 곁에 나타났다.

"이런, 이런, 역시 그 늙은 마녀를 믿지 말았어야 했어. 이렇게 대책 없이 처음 보는 여자에게 사랑을 느끼게 하다니, 맙소사!"

"사랑? 인간들이 매일 칭얼거리며 불러 대는 그 사랑? 내가 사랑한다고? 저 아가씨를? 아, 그런 건 잘 모르겠고 난 지금 몹시 아파. 당장 저 아가씨를 보지 않으면 쓰러질 것 같다고. 당신, 악마라고 했잖아. 당장 저 아가씨를 만나게 해 줘."

"적당하게 강약을 조절했어야지. 엉터리 할망구 같으니라고. 뭘 어떻게 했길래. 어이구, 부작용이 너무 큰걸. 어휴, 어쩌겠냐? 멍청한 마녀한테 데려간 게 나인데."

"당장 오늘 밤에, 당장."

메피스토는 당장 오늘 밤에 약물 하나 제대로 못 만든 마녀를 혼내 주러 가고 싶었다. 그런데 문수가 너무 시끄럽게 굴어 그 일을 먼저 봐 줘야 했다.

"알았어. 보채지 좀 마. 넌 지금 어린애가 아니라고."

그 길로 메피스토는 문수와 마주친 아가씨를 찾으러 다녔다. 역시 마녀의 물약까지 마시고 만나기엔 지나치게 평범하고 재미없는 여자였다. 최소한 악마에게는 말이다. 그녀의 이름은 구예현. 작은 회사에서 일하고 친구들과 차 마시며 수다 떨기를 좋아했다. 얼마 되지 않는 월급을 받으면서도 그걸로 만족했다. 가끔 영화를 보거나 쇼핑하는 걸 좋아했다. 직장에서 한 시간 정도 떨어진 작은 아파트에서 늙은 어머니와 단둘이 살고 있었다. 캐내면 캐낼수록 악마의 취향에는 맞지 않는 여자였다. 지나치게 선량하고 고귀한 여자라면 괴롭혀 주는 재미라도 있고, 악독하고 고약한 성질의 여자라면 같이 어울려 세상을 한 번씩 엎어 버리는 것도 재밌을 텐데, 어찌 보면 악마에겐 최고로 흥미가 떨어지는 종류의 여자였다. 예현은 화려하진 않지만 소박하고 깨끗한 외모에 부지런하고 성실한 아가씨였다. 하루하루 별 탈 없이 지나가고 어머니와 자신이 특별히 아픈 데 없이 사는 것만으로도 늘 감사하며 살았다.

'쳇, 당황스러울 만큼 재미없는 여자군. 하필이면 눈 뜨자마자 첫 번째 마주친 여자가 어디에서나 볼 수 있는 수수한 여자람. 마녀가 하는 일이라곤.'

어쨌든 문수가 부탁한 걸 들어주긴 해야 했다. 메피스토는 검은 연기를 뿜으며 예현의 직장 상사인 김 과장으로 변신해 저녁에 멋진 남자를 소개해 주겠다고 꼬셨다. 갑작스럽긴 했지만 그녀는 흔쾌히 그러겠다고 했다. 늘 똑같고 지루한 일상에서 벗어나 새로운 사람을 만날 약속이 있다는 것 자체가 즐거웠다. 그리고 아직 한 번도 남자 친구를 사귀어 보지 못해서 연애라는 건 어떤지, 남자 친구가 생긴다면 어떤 기분일지 궁금했다. 물론 그날 만날 사람이 누군지도 모르면서 공상에 빠지는 것이 우습기는 했다.

그녀는 조금 들떴다. 오후 내내 시계를 보면서 퇴근 시간을 기다렸다. 6시 정각이 되자마자 퇴근했다. 옷차림이 마음에 들지 않았다. 깨끗하고 단정하긴 했지만 검은색 스커트와 흰색 블라우스가 너무 딱딱해 보였다. 약속 장소인 카페에 가기 전에 꽃 모양이 들어간 부드러운 스카프를 사서 목에 둘러 보았다. 화장도 새로 곱게 고쳤다.

카페엔 김 과장이 짙은 색 양복을 입은 청년과 앉아 있었다. 그녀에게 손짓하는 김 과장, 아니 메피스토의 곁으로 또각또각 설레며 걸어갔다. 청년이 뒤돌아봤다. 그 순간 예현은 소리를 지를 뻔했다. 아침에 자신에게 말을 걸었던 이상한 녀석이 아닌가. 더 다가가지 못하고 그녀는 걸음을 멈췄다. 우연일지도 몰랐다. 하지만 아침엔 자신을 따라다니다 저녁엔 소개팅 상대 남자가 되어 나오다니, 혹시 정말 정신 나간 스토커는 아닐까 의심이 들기도 했다. 그래도 일단 김 과장 얼굴을 봐서 자리에 앉기는 해야 할 것 같았다.

"아, 안녕하세요. 저는 구예현이라고 합니다."

김 과장으로 변신한 메피스토가 문수를 소개해 주었다. 물론 입에 침도 안 바르고 아주 멋진 말로 포장해서. 예현은 불안한 마음이 조금은 가셨다. 살짝 눈을 들어 맞은편에 앉은 남자를 바라보았다. 아침 출근길엔 너무 놀라 잘 몰랐는데 다시 보니 꽤 잘생기고 점잖았다. 김 과장이 칭찬을 쏟아내는데도 문수라는 남자는 잘난 척을 하기보다는 쑥스러워했다. 그게 더 마음에 들었다. 회사에서 보던 무게만 잡고 무식하고 뻔뻔한 남자들과는 달랐다. 그녀는 이 우연을 행운이라고 느끼기 시작했다.

그날 이후 문수와 예현은 빠르게 가까워졌고 함께하는 시간이 점점 늘어갔다. 문수는 출근하는 예현을 회사까지 데려다줬다. 회사 앞에서 점심을 함께 먹고 퇴근하는 그녀를 기다렸다. 함께 차를 마시고 영화를 보고 놀이동산에 가고 꽃구경을 갔다. 함께 낮달을 보고 저녁 별을 보고 노을을 보고 보름달을 바라보았다. 함께 손을 잡고 길을 걸었고 버스를 타고 요트를 타고 기차를 탔다. 함께 웃고 이야기하고 기뻐했다. 함께 붐비는 곳, 한적한 곳, 시끄러운 곳, 어두운 곳, 아름다운 곳을 갔다. 함께 새소리를 듣고 노래를 듣고 라디오를 들었다. 문수는 자신이 과연 소년의 모습으로 지내던 호문쿨루스였던 적이 있었는지, 그것이야말로 꿈이 아니었는지 의심스러웠다.

자신은 오로지 예현과 사랑하며 살기 위해 세상에 존재하는 것 같았다. 하지만 이상한 건 점점 더 예현과 가까워질수록 그녀 때문에 초조하고 불안하고 걱정되는 일이 많아졌다. 한순간이라도 보고 있지 않으면 보고 싶었다. 멍하니 허공에 그녀의 얼굴을 떠올리며 하루를 지내기도 했다.

선물을 준비하고는 그 선물이 예현의 마음에 들지 않으면 어떻게 하나 가슴이 쿵쾅거렸다. 좀 더 좋은 선물을 하고 싶어 메피스토에게 무리한 부탁을 하기도 했다. 구하기 어렵고 비싸고 아무나 손에 넣을 수 없는 선물 말이다. 보석이나 박물관에나 걸려 있을 법한 그림, 희귀 보호종의 가죽으로 만든 코트 등. 악마가 제대로 된 방법으로 이런 것들을 구해 올 리 없었다. 그건 문수도 대충 짐작했다. 악마다운 짓을 했을 것이다. 빼앗거나 속이거나, 상상하긴 싫지만 더 나쁜 짓도 했을 것이다. 그러나 문수는 모르는 척했다. 예현을 기쁘게 할 수 있다면 괜찮을 것만 같았다. 그런데 만약 이런 것이 사랑이라면, 사랑하기 위해 강철 심장을 가지고 태어나지 않으면 결코 견뎌내지 못하고 터져 버릴 거라는 생각이 들었다.

그러던 어느 날이었다. 여느 때와 마찬가지로 문수는 예현과의 데이트 시간만을 기다리고 있었다. 그날은 다른 날과 같은 그저 그런 데이트 날이 아니었다. 창밖으로 저물녘 하늘이 다홍과 크림색으로 아름답게 번지고 있었다.

'청혼하기 좋은 저녁이군.'

거울을 보고 이 옷 저 옷을 꺼내 들며 문수는 한껏 들떠 있었다. 그리고 한없이 행복했다. 어느 정도 떨리기도 했다. 메피스토는 불만스러운 표정으로 이 모습을 지켜보고 있었다.

"어이, 경험만 하면 돼. 인간들이 그토록 목매는 연애라는 걸 해 보면서 사랑이 뭔지만 알면 된다고. 인간의 삶과 세상을 체험만 하면 돼. 굳이 결혼까지 할 필요 없어."

문수는 메피스토의 말을 귀담아듣지 않았다.

"마귀할멈이 결혼까지 하도록 약을 만든 거냐? 아, 나 같으면 사랑에 빠지느니 진흙탕에 빠지는 게 낫겠어. 결혼 계약을 하느니 사기꾼이랑 거래하는 게 나아. 인간들아, 언제 너희는 정신을 차리겠니. 쯧쯧쯧. 하긴 너희가 한심한 덕분에 우리가 너희를 도와줄 수 있긴 하지만."

메피스토 역시 문수의 행동과 마음을 염두에 두지 않는 건 마찬가지였다. 자기 말만 투덜투덜 쏟아 내고 있었다. 호문쿨루스가 결혼을 하면 어떻게 될지 궁금하기는 했지만.

문수의 볼은 분홍빛이 되어 있었다. 그러다가 점점 얼굴 전체가 붉게 변했다.

"이봐, 지나치게 흥분하는 거 아냐? 그럴 필요 없어. 결혼하자고 하면 그 평범한 여자는 무조건 오케이 할 거야."

"아…… 이건 아닌 거 같아!"

문수의 얼굴이 심하게 일그러졌다.

"어? 왜 이러지? 뭔가 날 조이는 거 같아!"

"넌 그 여자를 만날 때부터 지금까지 늘 가슴이 아프다고 했는데 뭘 새삼스럽게 그래? 청혼할 생각에 더 심해진 거냐? 떨려서 죽을 것 같아? 우하하하!"

메피스토의 비아냥과는 달리 문수는 심각한 모습이었다. 손으로 가슴을 쥐어뜯으며 온몸에서 식은땀을 흘렸다. 몸을 가누지 못하고 비틀거렸다. 그때야 메피스토는 뭔가 이상하다고 생각했다. 청혼하려는 인간들의 이상한 몸짓과 정신 나간 상태를 몇 천 년 동안 봐 오긴 했지만, 많이 달랐다.

"너 지금 뭔 짓이니?"

"억…… 악! 살려 줘! 몸이!"

문수는 목을 움켜잡고 급기야 바닥을 뒹굴었다.

"몸이 불타는 거 같아. 으악!"

문수는 비명과 함께 그 자리에 쓰러졌다.

예현이와 그레트헨 이야기

다시 정신을 차렸을 때 문수의 눈앞에는 예현이가 아닌 박은오 박사
와 메피스토가 있었다. 시선의 오른쪽에는 닦지 않은 실험 도구와 썩
은 바나나껍질이, 왼쪽에는 버려야 할 실험 도구와 빵 봉지와 곰팡이
핀 야채가 있었다. 맑고 고운 예현이와는 아무 상관없는 지저분한 풍
경이었다. 떨리는 눈길로 이번엔 자신의 팔과 다리를 살펴보았다. 멋
지고 건장한 청년이 아닌 예전의 중학생 소년의 팔과 다리였다. 문수
는 산소 공급기 속에서 쓴웃음을 지었다.

"하하하, 이게 뭐야. 역시 그렇군요. 잠시 내게 잘못된 꿈을 입력
했나 봐요."

"앗, 깨어났니? 오, 다행이다, 정말 다행이야."

박사는 유리관을 붙잡고 감격스러운 표정을 지으며 눈물을 글썽
였다. 문수는 심장 위로 차가운 물이 지나가는 걸 느꼈다. 그 물은 심

장에서 온몸을 휘돌아 안구까지 솟구치더니 넘쳐 흘러 볼 위를 적시기 시작했다.

'눈…… 물……? 왜 내가 눈물을……. 꿈에서 깨어나 박사님을 보고 좋아서 그런가? 아닌데…… 예현이? 아니, 그건 꿈인걸.'

"너 꿈 꾼 거 아니거든! 내가 얼마나 죽을 고생을 했는데, 꿈이라니 말도 안 되는 소리!"

메피스토는 먼지가 풀풀 나는 옷자락을 펄럭이며 신경질적인 목소리로 외쳤다.

'꿈이 아니라고? 그럼 뭐지? 그녀는? 나와의 약속을 기다리고 있던 예현이는 어떻게 되는 거지? 우린 앞으로 어떻게 되는 거지?'

문수는 많은 걸 묻고 싶었지만, 몸과 가슴이 너무 아파 말을 걸 수조차 없었다. 인공 피부 위로 그저 한없이 눈물이 흘렀다.

그렇게 며칠이 지났다. 조금씩 회복되고 있다고 했지만 문수는 조금도 몸이 나아지길 바라지 않았다. 예현이가 없다면 더는 인간이 될 이유도 없고 되고 싶지도 않았다.

눈물이 멈추지 않았다. 너무 많이 울어 유리관에 눈물이 차올라 하루에 한 번은 호스로 빼내야 할 지경이었다. 사랑의 상처를 알게 된 문수를 보면서 박사는 안타까울 뿐이었다. 과학과 지식만으로는 인간이라 할 수 없겠지만 한편으로 정말 이런 고통까지 겪어야 하다니, 인간이 과연 무엇이고 인간의 삶이 무엇인지 자신도 알 수 없었

인간은 노래하는 한 사랑을 찾는다

1

다. 그런데 문수를 완벽한 인간으로 만들어 주겠다고 했으니, 자신이 참으로 어리석게 느껴졌다.

그리고 또 며칠이 지났다. 문수는 자신이 쓰러지고 어떤 일들이 일어났는지 물어볼 정도의 기력을 차릴 수 있었다. 예현이는 약속에 나타나지도 않고 연락도 없어진 문수를 많이 기다리다가 이제는 잊으려 열심히 노력한다고 메피스토가 전해 주었다. 이상했다. 그녀는 자신과 다른 어느 세계에는 존재한다는 것인가? 그럼 다시 만날 수 있다는 건가? 어떻게 할 방법이 있을까?

"첫사랑은 절대 이루어지지 않는다고 가끔 멍청한 인간들이 말하기도 하더라."

"호문쿨루스의 첫사랑도?"

"너 농담도 할 줄 알았어? 혹시 이것도 늙은 마녀의 약물 부작용인가? 박사와 내가 좀 더 궁리해 볼 테니 넌 잠이나 더 자. 이김에 내가 알고 있는 바보 같은 약물 부작용 이야기를 해 주마. 옛날 옛적 아주 오랜 옛날 파우스트 박사라는 인간이 살고 있었지. 파우스트는 신학과 철학, 의학과 법학을 공부한 뛰어난 학자였어. 그런데 욕심이 끝이 없었던 건지 아니면 인간의 한계가 그런 건지 모르겠지만 전혀 만족할 수가 없었어. 사람들 모두가 "박사님, 박사님, 존경하는 박사님." 이렇게 받들어 모셨지만 그가 원하는 건 이게 아니었나 봐. 온 우주와 세상 단 하나의 진리를 깨닫고 싶어 했지. 그는 자신의 한계에

좌절해서는 자신을 멍청이라고 생각하고 절망감에 죽으려고 결심했지. 물론 갑자기 울리는 부활절 종소리에 정신을 차리고 그만두긴 했어. 그리고 어떻게 됐을 거 같아? 너도 잘 알다시피 신은 인간을 도와줄 마음이 없지만, 이 악마는 언제든 인간을 도와줄 준비가 되어 있지. 죽으려고 목을 매달려는 파우스트에게 손을 내밀어 그를 살게 한 게 바로 이 몸이란 걸 반드시 기억해라."

"네 자랑은 빼고 얘기해."

"급하긴. 알았어, 좀 들어 봐. 이게 그렇게 간단한 얘기냐? 파우스트와 난 계약을 했어. 그가 세상의 진리를 얻을 수 있도록 너처럼 그도 마녀에게 데려갔지. 그때도 역시 엉터리 마녀가 약물을 불량으로 만들고 말았어. 너와는 달리 파우스트 박사는 나이가 아주 많았기 때문에 30년은 젊게 만들었지. 기가 막히지? 그는 순박하고 수수한 시골 아가씨와 사랑에 빠졌어. 교회에 열심히 다니고 늘 기도하는 여자였지. 아마 이름이 그레트헨인가 그랬을 거야. 그 이름을 내 입으로 말하니 아주 불쾌해지는군. 아무튼 둘은 아주 뜨겁게 사랑했지. 너와 예현이처럼 말이야."

문수는 일부러 무관심한 목소리로 물었다.

"그래서, 그들은 어떻게 되었어? 행복하게 잘 살았니?"

"쯧쯧쯧, 상상력이 부족하긴. 박사가 기껏 읽어 준 건 유아용 동화밖에 없었나 보군. 그리고 이야기 도중에 말 끊는 거 아니야. 어쨌든 이 악마님이 발바닥이 녹아 없어질 때까지 도와줬지만 별 소용이 없었지. 파우스트는 세상의 진실을 알기 원하는 욕심쟁이잖아. 하지만 그레트헨이 바란 건 파우스트와 결혼해서 알콩달콩 아이 낳고 다정하게 살아가는 거였지. 뭐랄까, 보통 아줌마로 평범하게 살아가는 거? 이들의 얘기를 들으면 오히려 네가 예현이와 다신 만날 수 없게 된 게 다행이라 생각할 거다.

그레트헨은 늙은 어머니와 살고 있어서 밤에 파우스트를 만나기가 쉽지 않았지. 결혼이나 약혼을 하지 않은 아가씨가 밤에 남자를 만나면 나쁜 소문이 돌던 시대였으니까. 어머니는 그레트헨을 늘 감시했어. 그러나 사랑에 빠진 연인은 함께하기 위해서 물불을 안 가린다고들 하지. 그럴 땐 정말 악마보다 대담해진다니까. 아, 이렇게 곤란한 상황에서 도와줄 이가 누가 있겠어? 내가 마녀의 물약을 갖다 바쳤고 파우스트는 그레트헨에게 그 물약을 건넸지. '우리가 만나는 동안 아주 잠시 당신의 어머니를 잠들게 해 주는 약이라오.' 파우스트도, 그레트헨도 당연히 그렇게 믿었고 약을 건네준 나도 마찬가지였지. 수면제의 일종이거니 생각했는데 그레트헨의 어머니가 그 약에 알레르기가 있었는지 아니면 양 조절에 실패했는지 모르겠지만 물약을 먹고 죽었다는 결과는 변하지 않으니까. 물론 가장 의심스러운 건 마녀의 실력이긴 해. 망할 할망구, 언제나 엉터리 약이나 만든다니까.

그뿐이 아니었지. 온 마을 사람들이 그레트헨을 향해 쑥덕거리고 손가락질을 해 댔어. 더 이상 정숙하지 않은 여자라고 말이야. 그녀가 당하는 수모가 어땠을지 상상이나 되니? 할 일 없이 남들 욕하는 인간이야 어느 시대건 있지만 지금처럼 자유롭게 연애를 하는 시절도 아니었으니 더 심했겠지. 의심, 미움, 모함, 따돌림 이런 걸 난 아주 좋아하지. 크크크. 참, 그레트헨에겐 발렌틴이란 오빠도 한 명 있었어. 군인이었는데 여동생과 달리 성격이 아주 거칠고 급하고 경솔한 녀석이었지. 녀석은 순진무구한 여동생을 꽤 자랑스러워했지. 그런데 이젠 자랑거리는커녕 동생으로 인해 당하는 비난 때문에 창피해서 화가 치밀었나 봐. 다짜고짜 파우스트에게 시비를 걸고 화풀이를 하려 했지. 결과는 아주 비참했단다. 그 싸움에서 파우스트의 모형 칼에 찔려 죽고 말았거든. 바보 같은 녀석. 참 무모하고 무식하기 짝이 없지."

"뭐야? 네가 일부러 상황을 그렇게 나쁘게 만든 거지? 그레트헨 가족이 다 죽었잖아. 그럴 필요까진 없었을 거 같은데. 악마 녀석!"

"모든 걸 내 탓으로 돌리지 마! 악마와 계약한 건 파우스트라고. 흥분하지 마, 이다음엔 더 끔찍한 비극이 기다리고 있거든. 흐흐흐. 그레트헨은 자신 때문에 어머니와 오빠가 죽었다고 생각하고 조금씩 미쳐 가기 시작했어. 그리고 아무도 몰랐지만, 파우스트의 아이를 갖게 되었지. 정신이 나간 그녀는 아이가 태어나자 물에 빠뜨려 죽이고

인간은 노력하는 한 사랑을 찾는다

1

말았어. 어머니에 오빠에 자기 아들까지 죽음에 몰아넣은 그녀에게
세상은 사형을 선고했지."

"그레트헨이 죽었어? 넌 그렇다 치고 파우스트는 대체 뭐 하는
사람이야? 죄책감도 없어?"

문수가 얼굴을 찌푸리며 물었다.

메피스토는 방안을 돌아다니며 종이 상자와 커튼 조각, 나무젓
가락과 솜뭉치와 단추와 잡동사니를 가져왔다. 그는 조그마한 인형
들을 만들어 '파우스트와 메피스토와 그레트헨의 비극과 운명'이라
는 제목으로 인형극을 만들었다. 《파우스트》라는 작품을 쓴 괴테라
는 작가도 열 살 때쯤 인형극을 통해 전설로 내려오던 파우스트 이야
기를 알게 됐다고 했다.

"얘기를 들으며 아주 깊은 잠이 들렴. 깊은 잠을 자고 나면 모든
걸 잊을 수 있을 게다. 잊어버리는 데는 예전이나 지금이나 잠이 최
고지."

* * *

파우스트 (잔뜩 흥분하여) : 아, 불쌍한 그레트헨! 어쩌다가 이런
불행을 맞이하게 되었을까. 그 고통을 지금 어떻게 견디고 있
을까. 대체 그토록 착하고 순수한 아가씨가 왜 감옥에서 벌을

받아야 하냐고!

메피스토 (태연하게) : 뭐 흔히 있는 일이죠.

파우스트 (울부짖으며) : 뭐라고, 이 악마야! 이 배신자에 악당! 다 너 때문이야. 비열한 놈! 괴물 같은 놈! 너 따위를 따라다니지 말아야 했어. 더러운 악마!

메피스토 : 어이, 어이, 정신 좀 차려 봐요, 박사. 이런 일이 생길 때만 인간들은 항상 악마 탓을 대지요. 그렇게 열만 올리지 말고 머리로 차분하게 생각해 보쇼. 이 정도도 견딜 수 없으면서 어쩌자고 악마를 불러내고 나의 도움을 받았소? 난 당신이 도와 달라고 해서 도와줬을 뿐이라고요.

파우스트 (주먹을 들어 올리며) : 닥쳐! 소중하고 한없이 착한 여자를 죽음과 악의 구렁텅이에 빠지게 하고선!

메피스토 : 억울하군요. 그녀를 만나고 어머니 몰래 그녀와 함께 있던 자가 누구요? 나요, 당신이오? 그녀가 죄와 벌을 뒤집어쓰게 된 게 나 때문이오, 당신 때문이오? 그녀가 낳은 아기가 당신의 아기요, 나의 아기요? 그녀가 자기 손으로 우물에 빠뜨려 죽인 아기가 당신의 아기요, 나의 아기요?

파우스트 (흐느낌을 멈추고 단호하게) : 너와 말장난할 틈이 없어. 날 그녀에게 데려다줘. 그레트헨을 내가 구해 내고 말겠어. 얼른! 이 악마 녀석아!

메피스토 : 그럽시다요. 내가 감옥 간수의 정신을 빼놓을 테니 재빨리 열쇠를 빼내세요. 그녀를 감옥에서 꺼내고 내가 미리 준비해 둔 마법의 말을 타고 함께 도망치면 됩니다. 어때요, 멋지죠?

(그레트헨이 갇혀 있는 감옥)

파우스트 (열쇠로 감옥 철창을 열고 들어선다) : 그레트헨!

그레트헨 (깜짝 놀라며 갑자기 무릎을 꿇고 기도를 올린다) : 오! 신이시여, 사형 집행인이 왔군요.

파우스트 (입에 손가락을 갖다 대며) : 쉿! 조용히! 함께 이곳을 빠져나갑시다.

그레트헨 (손을 뿌리치며) : 누구세요? 난 내 아기에게 젖을 먹여야 해요. 아, 아기가 배가 고플 텐데. 지금 아기가 어디 있지요? 그래, 사람들이 내 아가를 빼앗아 갔어요. 돌려주세요.

파우스트 (고통과 불행에 정신이 나가 있는 그레트헨을 슬프게 바라본다) : 그레트헨, 오, 그레트헨!

그레트헨 : 아, 당신은…… 당신은…… (파우스트를 안으며) 저를 구하러 오셨군요. 정말 당신, 맞지요?

파우스트 (다급한 목소리로) : 빨리 감옥에서 나갑시다. 구하러 왔소.

그레트헨 (조용하지만 단호하게) : 아니에요. 저는 어머니를 독약으로 죽이고 우리 아기를 물에 빠뜨려 죽인 죄인이에요. 당신의 선물인 우리 아기를 죽인 끔찍한 죄인이요. 부탁이 있어요. 우리 어머니와 오빠가 묻힌 옆자리에 저를 묻어 주세요. 우리 아기는 제 오른쪽 가슴에 안겨 주시고요. 당신과의 사랑과 행복을 기억할게요.

파우스트 : 함께 도망쳐요!

그레트헨 : 저는 안 가겠어요. 여기서 저의 죄를 치르겠어요. 나는 모든 것을 포기했어요. 아니, 나의 모든 것을 오로지 신에게 맡길 겁니다. 신의 처분을 따르겠어요. (갑자기 눈빛이 변하며) 아, 우리 아기가 물에서 허우적대고 있어요. 어서 아기를 구해 줘요. 도와줘요! 아기가 물에 빠졌다고요! 아니, 어머니가 저 너머에서 손짓하고 있네요.

파우스트 : 안 되겠어. 날이 밝아지고 있어. 그냥 엎고 가야지.

그레트헨 : 날 내버려 둬요. 날이 밝는군요. 이제 나의 죽음이 다가오겠군요. 신이시여, 저를 구원해 주세요! 저를 용서해 주시고 저의 잘못을 벌주세요.

메피스토 (급하게 들어오며) : 모두 잡히겠어요. 지금 떠나야 해요. 빨리, 빨리!

그레트헨 (두 손을 모으고) : 아, 천사들이 다가오고 있어요. 저는 신의 것이옵니다. 신이시여, 저를 지켜 주세요.

메피스토 : 그레트헨은 심판을 받았어요. 죄를 지었죠. 지옥에 떨어지겠지요.

높은 곳의 목소리 : 아니, 그녀는 구원받았다. 천사들에게 이끌려 그녀는 구원받았다, 구원받았다.

(메피스토는 파우스트의 손을 이끌고 사라진다.)

　　　　　　　　　　　　－《파우스트》1부 중 '감옥'장

　　　　　　　　　　　　　＊　＊　＊

문수는 이야기를 들으며 착잡하고 혼란스러웠다.

'인간의 삶이란 이런 걸까? 그런데…… 왜? 왜 파우스트는 그렇게 끝없이 원했던 걸까? 진리를 알고 싶다는 멋진 소리를 해 대고는 어떻게 저렇게 순진하기만 한 가족을 모두 망쳐 놓고 아무렇지도 않지? 그의 멋진 소리와는 달리 그의 욕심은 다른 사람들의 추한 욕망이나 이기심과 다를 바가 없잖아. 아무리 생각해도 이상해. 그레트헨이 신과 천사들에게 구원을 받기보다 그녀가 나쁜 일을 하도록 옆에서 부추긴 파우스트가 지옥에 가야 하는 게 맞지 않아?'

새로운 계약자

실험실에서 메피스토는 박은오 박사를 향해 큰 소리로 말했다.

"박사, 이건 내 탓도 있지만 당신 탓도 있다고. 호문쿨루스가 인간이 되기 위한 완벽한 과정에 들어섰는데 막상 계약서가 없으니 진행이 제대로 되겠냐고! 그렇게 중요한 걸 깜빡하다니! 아, 나도 정말 너무 멍청해졌어. 하지만 당신도 실수를 인정해. 계약서만 제대로 썼어도 문수의 멋진 여행은 잘 끝났을 거요."

"단지 계약서의 문제라고 생각해? 뭔가 잘못한 게 있으면 제대로 털어 놔. 그래야 문수를 다시는 위험에 빠뜨리지 않지. 널 믿은 게 잘못일지도 모르지."

박사는 굳은 표정으로 말했지만, 메피스토는 여전히 껄렁껄렁한 태도로 오히려 박사를 비난하고 비아냥거리는 모습이었다.

"흠, 악마는 배신을 모르지. 하지만 인간은 늘 배신을 하지. 그리고 비굴하게 악마 탓만 해. 잘 생각해 보슈, 저 호문쿨루스가 저렇게 가슴에서 치밀어 오르는 그리움과 안타까움으로 눈물을 흘리고 누군 가를 생각한 적이 있는지 말이오. 내가 그에게 얼마나 정성을 쏟았는 지 알아?"

틀린 말은 아니었다. 박사가 문수에게 눈물과 슬픔을 입력했기 때문에 문수는 눈에 먼지나 벌레 같은 이물질이 들어가면 눈물을 흘 려 제거하기도 했고 모두가 슬퍼할 만한 일이 있을 땐 전기 신호로 눈물샘을 자극해 눈물을 흘렸지만, 그건 단지 입력된 정보에 불과하 지 않았는가. 위험하고 대단히 의심스럽기는 했지만, 메피스토의 말 대로 어느 정도 문수의 표정에선 가슴으로부터 올라오는 인간다운 쓸쓸함을 느낄 수 있었다.

"그…… 그래, 거기에 대해선 칭찬을 해 주지. 아주 잘했어. 그러 니까 네 말은 문수가 완벽한 인간이 되면 내 영혼을 주겠다는 계약서 에 서명하면 된다는 거 아냐. 당장 하지 뭐."

박사는 책상 구석을 굴러다니고 있던 볼펜을 찾아왔다. 어느새 메피스토의 손에는 계약서로 보이는 종이 한 장이 들려 있었지만, 그 는 집게손가락을 저으며 서명을 하려는 박사의 손을 잡았다.

"악마와 인간의 계약은 전자 서명이나 도장, 공인인증서 뭐 그런 거로 하지 않아. 처음이라 잘 모르나 본데 우린 피로 계약을 하지. 단 한 방울! 당신의 피만 있으면 돼. 자, 여기에."

메피스토가 계약서를 책상 위에 올려놓고 박사가 바늘을 찾기 위해 서랍을 뒤적이고 있을 때였다. 어느 틈엔가 문수가 실험실에 들어와 있었다. 그가 언제부터 거기 있었는지는 몰랐다. 박사나 메피스토나 서로 손가락질을 하며 다투는 데 최선을 다했으니까. 문수는 얼른 과일 칼을 집어 들어 손가락에 상처를 냈다. 벌어진 상처 사이로 붉은 피가 배어 나오고 있었다.

"앗, 문수야! 뭐 하는 거야?"

박사가 놀라 소리를 질렀지만 문수는 쳐다보지도 않았다. 문수는 메피스토가 책상 위에 올려놓은 계약서를 빼앗아 핏방울로 붉게 자신의 이름을 써넣었다. 순식간의 일이었다.

"이제 됐지? 내가 인간이 되는 거니까. 엄마가 아니라 내 영혼을 가져가. 그게 맞잖아. 만약 내게 영혼이란 것이 있다면 말이지."

메피스토와 박사는 갑작스러운 사건에 어리둥절한 채 문수를 바라볼 뿐이었다. 그러다 박사가 정신을 차리고 말했다.

"말도 안 돼! 이 계약은 나와 메피스토의 계약이야. 넌 상관없어. 이건 무효야! 찢어 버리면 돼. 무효, 무효!"

메피스토는 자신은 누구의 영혼이든 상관없다고 했다. 계약서를 자꾸 다시 쓰는 것도 귀찮고 말이다.

"악마가 하는 일이 그렇지 뭐. 세상일이 그렇기도 하고. 공짜가 어디에 있겠어. 자 메피스토, 날 인간으로 만들어 준다며? 뭔가 준비는 잘해 뒀겠지? 가자. 또다시 고약하고 부작용 있는 마녀의 약만 안 마시면 좋겠어. 엄마, 잘 다녀올게. 날 위해서 열심히 연구하고 있어."

　박사와 문수는 서로 껴안고 인사를 했다. 못마땅한 표정으로 이를 지켜보던 메피스토는 얼른 검은 외투를 입고 펄럭이기나 하라고 재촉했다. 문수와 메피스토는 또 다른 여행을 시작하고 있었다.

2

인간은
노력하는 한
아름다움을
찾는다

노래와 수수께끼와 반인반마

그들이 도착한 곳은 커다란 바위들만 있고 모래바람만이 불어오는 황량한 벌판이었다. 문수는 이번엔 마녀의 고약한 물약을 먹지 않았는데도 어찌 된 일인지 다 큰 청년의 모습이었다.

"맙소사, 지난번엔 길바닥 한가운데더니 이번엔 사막이야?"

"알지도 못하면서 투덜거리지 마. 너 조금씩 인간이 되어 가면서 불평만 느는 거 알아?"

그들은 더는 투닥거릴 수가 없었다. 눈도 뜨지 못하고 입을 벌리지도 못하고 몸도 가누지 못할 만큼 거센 바람이 휘몰아쳤다.

"여, 여긴 고대 그리스야. 여기서 세상 제일의 아름다움이 뭔지 알아봐."

"아름다움? 지금으로선 따스하고 안락한 유리관이 최고의 아름다움이야. 으…… 모래들……. 저 큰 언덕 밑으로 일단 숨어서 바람이 잦아들 때까지 기다리자."

그들이 큰 언덕 밑에서 외투의 모래를 털고 있을 때였다. 무겁고 커다란 목소리가 들려왔다.

"너희는 누구냐?"

문수는 위쪽을 쳐다봤다. 그가 언덕이라고 생각했던 건 거대한 사자의 발과 몸집, 그리고 사람의 얼굴을 한 괴물이었다.

"이름이 무엇이고 자신이 무엇인지 말해라. 이것이 내가 내는 수수께끼다."

그는 스핑크스였다. 전설 속에선 '아침에는 네 다리, 낮에는 두 다리, 밤에는 세 다리로 걷는 동물은 무엇인가?'라는 수수께끼를 내고 답을 맞추지 못하면 잡아먹는다고 했는데, 이제 그 답이 '인간'이라는 게 너무 많이 알려져 흥미를 잃어버렸나 보다. 메피스토는 여전히 쪼그리고 앉아 외투의 모래를 털며 대답했다.

"키키키. 사람들이 내게 너무 많은 이름을 붙여 줘서 말이야. 난 인간의 모든 분야에 나오지. 연극에도 동굴에도 꿈에도 어둠에도 욕망 속에서도 말이야. 신의 라이벌, 지옥의 지배자, 인간의 달콤한 친구, 천사의 적이라고도 불리지."

"아…… 난 내가 누군지 모르겠어요. 누군지 아직 몰라서 지금 찾고 있지요. 가능하면 가장 완벽한 인간이 되어 보고 싶긴 해요. 그래서 우선 세상에서 가장 아름다운 것을 찾아보기로 했어요. 잠시 당신 곁에서 쉬었다 가도 될까요?"

겸손한 문수의 태도와는 달리 메피스토는 스핑크스를 오래된 황무지의 괴물 취급을 하며 놀려 댔다. 인간의 얼굴을 하고 있어서 꼬셔 볼까 했는데 덜 떨어진 짐승의 모습을 하고 있어서 흥미가 없다고 하더니, 마음에 안 든다고 대놓고 소리를 지르고 악마보다 끔찍하고 못생겼다고 비웃어 댔다.

"아직 시차 적응이 잘 안 되었거나 머리가 나쁜 녀석이로군. 자꾸 까불면 이 앞발로 밟아 버릴 테다!"

그때 먼 곳에서 달콤하고 은은한 노랫소리가 들려왔다. 태어나 처음 들어보는 소리였다. 작은 새들의 소리 같기도 했고 천사의 날갯소리 같기도 했고 선녀의 옷자락이 펄럭이는 소리 같기도 했다. 스핑크스는 으르렁거리던 태도를 바꿔 갑자기 진지하게 말했다.

"조심해! 저것에는 영웅도 당하지 못해. 저 노래에 빠지면 너희들은 여기서 모든 게 끝난다고. 저들이 바로 달콤하고 몽롱한 노래를 불러 뱃사람들을 홀려 바위에 부딪치게 하거나 스스로 물에 뛰어들게 하는 세이렌이야. 들어 봤지? 예쁘장하고 젊은 아가씨처럼 굴고 있지만, 저 노래를 따라가면 모두 끝이란 말이지. 정신 차려! 아름다운 모습에 속으면 안 돼!"

문수는 하품이 나왔다. 그리고 점점 멀어져 가는 세이렌의 노래를 계속 따라가며 듣고 싶었다. 노래는 점점 더 신비롭고 화려해졌다.

"자, 무시무시한 괴물 따위 상대하지 말고 우리 노래를 들어요. 노래를 함께 불러요. 반은 사람 반은 사자, 흉측한 스핑크스, 사람도 아니고 짐승도 아닌 그와 상대하지 말고 우리의 환영 노래를 들어 봐요."

세이렌을 따라가려는 문수의 두 귀를 메피스토가 막고 몸을 마구 흔들었을 때야 조금 정신을 차릴 수 있었다. 문수는 귀를 막고 스핑크스에게 큰 소리로 물었다.

"이 세상의 아름다움을 알려면 어디로 가야 할까요?"

문수와 스핑크스 사이로 세이렌들이 새의 모습으로 나타나 노래를 불렀다.

"우리 세이렌을 따라서 와요. 많은 여행자와 뱃사람이 따라왔죠. 그리고 평생 맛보지 못한 평화를 맛보았답니다. 세상의 아름다움을 찾으신다고요? 그 이야기를 들려 드리지요. 우리를 따라서 와요. 어서 따라서 와요."

아련하고 그윽하고 황홀한 선율의 분위기를 깬 건 역시 악마였다. 그는 신경질적으로 쇠꼬챙이 같은 팔을 휘두르며 고함을 쳐 댔다.

"저리 꺼져! 꽥꽥대지 말고! 당장 불을 뿜어 새 구이로 만들기 전에!"

유혹이라면 세상 누구에게도 지지 않을 세이렌들도 더럽고 칙칙한 악마를 낄 생각은 없었다. 게다가 모욕적인 말까지 하니 기분이 몹시 상해 멀리 날아가 버렸다. 메피스토는 멀어져 가는 세이렌을 향해 계속 욕을 해 댔다. 문수는 다시 스핑크스를 바라보았다. 스핑크스가 말했다.

"아름다움을 알고 싶다 그거지?"

"아름다움을 알고 제가 인간이 되면 그때 당신의 수수께끼에 대답할 수도 있을 거예요. 제가 누군지 말이지요."

"크크크. 그래, 그 답을 찾아봐라. 나의 수수께끼에 대한 답을 기대해 보지. 이 고대 그리스 땅에서 말하는 아름다움이란 단 하나야. 바로 헬레네."

"헬레네? 그럼 어디로 가야 만날 수 있어요?"

"모든 영웅의 스승이 너희를 데려다줄 거야. 몸의 윗부분은 사람, 아랫부분은 말, 반인반마인 켄타우로스 족의 케이론 말이야. 지혜롭고 선량하고 현명한 스승이지."

문수는 메피스토의 뾰족한 귀에 입을 가까이 대고 케이론에 대해 말해 주었다. 메피스토도 뭔가 알아야 자신을 제대로 안내해 줄 수 있지 않겠는가. 하지만 메피스토는 전혀 관심을 두지 않고 스핑크스에게 으르렁거리기만 했다.

문수는 잠들 때 박사가 들려준 옛이야기에서 케이론이란 이름을 여러 번 들었다. 음악과 의학에 뛰어났고 전쟁에서 이기는 법과 활쏘기, 사냥에도 뛰어났다고 했다. 케이론의 제자 중에는 태양의 신 아폴론과 천하장사 헤라클레스, 아킬레우스도 있었다. 문수는 헤라클레스와 아킬레우스의 모험 이야기가 너무 재밌어 여러 번 해 달라고 조르기도 했다. 문득 엄마가 들려주는 얘기를 들으며 잠들던 밤이 그리워졌고 그때 이야기들이 엄마 목소리와 함께 떠올랐다.

"헤라클레스는 신들의 왕인 제우스와 인간 여자 사이에서 태어났지. 태어날 때부터 제우스는 헤라클레스가 세상에서 가장 위대한 영웅이 될 거라고 예언했대. 그런데 제우스의 아내인 헤라는 자신의 아이가 아닌데다가 인간의 아이가 세상을 구할 영웅이 된다니 기분이 나빴나 봐. 그래서 갓난아기인 헤라클레스의 침대에 커다랗고 무시무시한 독을 지닌 뱀을 두 마리 풀어놓았어. 뱀은 아기의 목을 칭칭 감고 조르기 시작했지. 아기 헤라클레스는 불편하고 괴로운 느낌이 들어 양손에 한 마리씩 뱀을 쥐고는 바닥에 내동댕이쳤는데 얼마나 힘이 셌는지 신발 밑창처럼 납작해진 채 죽어 버렸다는군.

이후에도 헤라클레스는 많은 고생을 했지. 헤라 여신을 섬기는 멍청한 어느 왕의 하인으로 일해야 한 적도 있어. 천하무적이고 세상에서 가장 힘센 헤라클레스가 하인으로 일한 이유가 뭐냐고? 헤라클레스가 예쁜 아가씨와 결혼해서 착한 두 아들과 살고 있을 때였어. 그가 행복하게 평화를 즐기는 게 싫어서 여신은 헤라클레스를 미치광이로 만들었어. 그의 눈에 아내와 아들이 자신을 잡아먹으려는 하이에나로 보이게 한 거지. 눈앞에 하이에나가 달려드는데 그가 가만뒀겠니? 끔찍하게도 미쳐 버린 헤라클레스는 아내와 아들을 자신의 손으로 죽이고 말았지.

헤라 여신이 너무 못됐다고 생각하는구나. 뭐, 그러나 인간의 몸을 받은 자로서 세상을 구하는 영웅이 되기 위해서는 아마 헤라 여신이 아니어도 다른 신이 그를 시험했을 거야. 인간은 늘 신의 시험에 든다는 게 그 시대 사람들의 믿음이었으니까. 어쨌든 헤라클레스는 그 때문에 비리비리하고 어리석은 왕의 하인이 된 거란다. 그러면서 목숨을 걸고 세상의 많은 괴물과 싸워야 했지. 헤라클레스가 괴물들과 싸우다 죽기를 바랐으니까.

그는 괴물 사자, 괴물 뱀과 싸워야 했고 사냥의 여신이 사랑하는 황금 뿔 달린 사슴을 산 채로 잡아 오는 과제도 해야 했어. 천하장사에게 어울리지 않는 일도 감당해야 했지. 예를 들어 30년 동안 한 번도 청소하지 않은 가축우리의 똥 치우기라든가. 인간으로 할 수 없는 무리한 명령도 있었단다. 죽기 전엔 갈 수 없는 저승 세계에 가서 저승을 지키는 머리 셋 달리고 독거품을 뿜는 개를 데려오라고 한 게 그거지. 그래도 그는 모두 잘 수행했단다. 나중에 헤라클레스는 이 세상의 영웅으로 불리고 하늘의 빛나는 별이 되었어.

아킬레우스 역시 아주 힘센 영웅이었지. 바다의 여신 테티스와 인간 남자 사이에서 태어났어. 테티스는 아들이 천하무적이 되길 바랐어. 화살도 창도 몸을 뚫지 못하게 만들기 위해 어린 아킬레우스를 저승의 강에 담갔지. 이때 테티스가 아킬레우스의 발목을 잡고 담가 저승의 강물이 발목에는 닿지 않았어. 그래서 발목은 아킬레우스에게 약점인 거지. 발뒤꿈치 힘줄 말이야. 지금도 이걸 '아킬레우스 건'이라고 부르거든. 결국 아킬레우스는 여기에 화살을 맞고 죽음을 맞이하고 말아."

엄마의 목소리와 헤라클레스와 아킬레우스 이야기에 푹 빠져 있던 문수에게 메피스토의 퉁명스런 목소리가 들렸다.

"케이론이 최소한 악마의 스승은 아니지. 그러니 내게 말 반 마리 인간 반쪽에 관해 얘기하지 마. 그냥 괴물일 뿐이지."

"저기 그가 오고 있군. 그에게 그대로 말해 보시지."

스핑크스와 문수는 하늘을 올려다보았다. 문수는 케이론에게 도와 달라고 공손하고 간절하게 부탁했다. 물론 메피스토는 그러지 않았다. 케이론은 점잖고 부드러우면서도 권위를 느끼게 하는 모습이었다. 그는 흔쾌히 헬레네를 만날 수 있는 곳에 태워다 주겠다고 했다. 문수는 케이론의 등에 올라타 헤라클레스와 아킬레우스, 그리고 모험과 전쟁에 대해 들으며 하늘을 날았다.

헬레네와의 만남

케이론은 흰 구름 속을 헤쳐 날며 슬픈 목소리로 말했다.

"당신들이 타고 있는 이 등에 헬레네를 태운 적도 있었지. 그녀가 아주 어릴 적이었지만 그때도 헬레네는 이 세상에서 가장 완벽한 아름다움이었어."

"헬레네를 태운 적이 있다고요?"

"음……."

그는 한동안 말이 없더니 트로이 전쟁에 대해 들었냐고 물었다. 안타깝게도 박사는 아직 문수에게 전쟁과 끔찍한 사건들에 대한 정보는 입력하거나 들려주지 않았다.

"세상은 모두 완벽한 아름다움을 원하지. 그러나 완벽한 아름다움을 가진 헬레네는 단 한 명이거든. 그것이 헬레네의 행복이자 불행이지. 헬레네를 만난다면서 아무것도 모르고 있으면 안 되지."

메피스토는 이미 알고 있었다. 그러나 스핑크스와 케이론에게만 의지하고 따르는 문수가 밉상스럽기도 하고 케이론이 굳이 얘기해 준다는데 귀찮게 아는 척하면서 얘기할 이유도 없어 입을 다물고 있었다.

"어느 멋지고 성대한 결혼식이 있었어. 모든 신이 초대받았지. 단 한 명의 신만 빼고. 바로 불화의 여신이었지. 이 일을 그녀가 얼마나 괘씸하게 여겼는지 몰라. 불화의 여신이 결혼식장 한가운데 황금 사과 하나를 떨어뜨렸는데 거기엔 '이 세상 최고의 여신에게'라고 쓰여 있었대. 그리스 최고의 여신 세 명이 있었지. 결혼과 가정의 여신 헤라, 사랑의 여신 아프로디테, 지혜의 여신 아테나. 모두 황금 사과를 갖고 싶지 않겠어? 그래서 파리스라는 트로이의 왕자에게 공정한 심사를 맡겼지. 세 여신 모두 파리스에게 자신을 뽑아 주면 무엇을 해 줄지 꼬시기 시작했어. 헤라는 권력과 권위를, 아프로디테는 가장 아름다운 여자를, 아테나는 전쟁에서의 승리를 주겠다고 했지. 파리스가 어떻게 했을 것 같은가? 아프로디테에게 황금 사과를 주고 가장 아름다운 여자, 아름다움의 상징인 헬레네를 신부로 맞이하기로 했어.

하, 그런데 헬레네는 이미 스파르타의 왕 메넬라오스의 아내였단 말이야. 헬레네나 메넬라오스에게 물어보지도 않고 그런 약속을 한 거야. 어쨌든 신과의 약속이라 믿고 파리스는 메넬라오스의 아내인 헬레네를 데리고 자기 나라인 트로이로 도망쳤지. 여기까지 들으니 대충 그다음 일이 상상되지 않아? 한 나라의 왕비를 데려가다니, 메넬라오스는 자신과 뜻이 맞는 그리스 군대를 모아 트로이에 쳐들어갔다네. 엄청난 전쟁이었지. 결국, 그리스군이 트로이를 멸망시키며 전쟁이 끝났지만. 그리고 얼마 전 메넬라오스는 헬레네를 데리고 자신의 나라를 향해 떠났다네."

문수는 인간과 비슷한 신들의 행동이 신기했다. 신이든 인간이든 욕심과 자만, 시기, 분노, 파괴, 고통과 속임수, 이기심, 혼란으로 가득 차 있었다. 엄마가 자신에게 왜 이 이야기를 해 주지 않았는지 조금은 이해할 수 있었다. 그런데 왜 이렇게 복잡하고 끊임없이 싸우면서 나아가야 하는 인간이 되고 싶어 이곳까지 온 건지 자신도 이해하기 어려웠다. 아직도 인간이 무엇인지 모르겠다기보다 점점 더 인간이 무엇인지 알 수가 없었다. 케이론에게 물어보면 지혜로운 대답을 해 줄지 모르겠지만 그건 문수가 찾아야 하는 것이었다. 이건 케이론의 문제가 아니라 문수의 문제니까.

"이곳이다, 지금 헬레네가 있는 곳이. 네가 얻고 싶은 게 무엇인지 모르겠지만 그것이 너와 네 주위를 밝고 평화롭게 하는 것이길 바란다."

메넬라오스 왕의 궁전을 향해 문수와 메피스토는 걸어갔다. 궁전 앞에는 시녀로 보이는 많은 여자들이 웅성거리고 있었다.

"흥! 말도 아니고 인간도 아닌 것이 똑똑한 척하기는! 문수야, 내가 대충의 사정을 알아보고 오지."

메피스토는 뭉게뭉게 검은 연기를 피우더니 늙은 시녀의 모습으로 변신해 비틀거리며 걸어갔다. 역시 시녀들 한가운데에는 헬레네가 있었다. 아름다움이란 낱말은 오직 헬레네를 표현하기 위해 생겨난 것임이 틀림없었다. 우아하고 부드럽고 그 무엇 하나 부족한 부분 없이 완벽하게 이루어진 균형과 조화로움, 그것 자체가 헬레네였다. 물론 시녀로 변장한 메피스토의 눈에는 그저 문수의 영혼을 가져가기 위한 좋은 먹잇감이거나 놀이에 불과했다.

"드디어 나의 궁전에 도착했네. 참 그리웠어. 그동안 너무 슬프고 힘든 일들을 많이 겪었어. 이제 그런 일들이 없도록 너희가 나를 도와주렴."

헬레네는 오랜 항해로 지친 얼굴이었지만 피곤함조차도 그녀의 아름다움에 흠집을 내지는 못했다.

"왕비님, 무사하셔서 다행입니다. 근데 혼자 오셨나요? 메넬라오스 왕께서는 언제 오시나요?"

"함께 배를 타고 오다가 왕과 병사들은 어느 강가에 내렸지. 뭔가 일이 있나 봐. 왕께서는 내게 먼저 궁에 가서 신들께 지낼 제사를 준비하라고 말씀하셨단다. 집사와 시녀를 불러 모으고 성의 보물들이 제자리에 있는지 확인하라고 했지."

"제사요?"

"응, 자세하게 지시하셨어. 자, 왕께서 말씀하신 대로 얼른 향로와 쟁반과 접시, 솥을 닦고 준비하렴. 신성한 샘의 물을 길어오고 잘타는 장작도 준비해. 날카롭고 잘 드는 칼도 준비하고 말이야. 어서, 어서."

이때 눈을 번뜩이며 시녀로 변장한 메피스토가 앞으로 나서며 말을 걸었다.

"아름다운 왕비시여, 전쟁에서 승리한 왕께서 신들을 위한 최고의 제사를 올리는 건 당연합죠. 제물도 최고로 올려야 하고요. 그런데 메넬라오스 왕께서는 희생 제물을 무엇으로 준비하라 하셨습니까?"

헬레네는 머뭇거리기만 했다. 메피스토는 한 걸음 더 다가가 핏기 없는 얼굴을 들이대며 속삭이듯 말했다.

"조금 이상하지 않습니까요, 왕비님. 어찌 제사에 바칠 제물은 말씀을 안 하셨을까요? 오랜 전쟁으로 그토록 많은 그리스의 장군과 무사와 영웅들이 쓰러졌는데 그들을 위로할 무언가를 준비하셨을 겁니다. 뭔가 짚이시는 게 없습니까요?"

"무엄한 것! 네가 어찌 감히 왕비님께 쓸데없이 함부로 입을 놀리느냐!"

"왕비님, 귀담아듣지 마시옵소서!"

주위의 여러 시녀가 고함을 치며 메피스토를 잡아당기고 밀쳐댔다. 이 와중에도 메피스토는 헬레네의 살굿빛 뺨 위로 어둡고 차가운 두려움의 그림자가 스치는 것을 훔쳐보고 있었다.

그리스와 트로이는 피와 눈물과 폐허와 원한만이 가득했다. 십년 넘게 전투를 벌였으니 얼마나 많은 사람이 죽고 상처 입고 분노하고 많은 것을 잃었겠는가. 그리스는 트로이를 쳐서 자신들의 영토를 넓히고 정복하는 게 가장 큰 목적이었지만, 표면적으로는 그럴듯한 전쟁의 원인과 이유를 대야 하지 않았을까? 그것이 바로 헬레네였다. 거의 모든 사람이 헬레네 왕비를 트로이의 파리스 왕자가 데려갔기 때문에 어쩔 수 없이 전쟁을 통해 다시 데려와야 했다고 믿었고 그렇게 했다. 헬레네는 애써 잊고 있던 그동안의 일들이 하나씩 다시 떠올랐다.

"너무 슬프고 고통스러웠어. 난 대체 누구일까. 왜 이런 일들을 겪어야 하는 걸까. 날 좀 내버려 두지 않겠니? 아……."

그녀는 피곤함과 또다시 밀려드는 고통에 그 자리에 쓰러질 지경이었다. 이런 위기와 약점을 기회라고 생각하는 것이 바로 악마가 아닌가. 메피스토는 헬레네의 슬픔 어린 신음이 끝나기도 전에 말을 이었다.

"왕비님, 저는 진심으로 왕비님만을 생각해서 드리는 말씀입니다. 저는 너무 끔찍합니다요, 끔찍해요. 이번 제사에서 신들에게 바칠 제물은 바로 왕비님이십니다요."

"뭐라고?"

"맙소사!"

여기저기서 소란이 일어났고 왕비는 새하얗게 질린 채 비틀거려 모두가 그녀를 부축해야 했다.

"송구하옵니다만 다른 건 생각할 수 없습니다요."

"아…… 설마. 나도 혹시 그럴지도 모른다는 생각은 했지만 아, 역시 그런 거였구나."

"전쟁에서 희생된 영웅들을 달래기 위한 제물로 왕비님과 시녀인 저희밖에는 달리 생각할 게 없사옵니다."

이 말에 메피스토에게 고함을 치던 시녀들도 갑자기 어떻게 해야 하냐며 울음을 터뜨리고 발을 구르며 안절부절못했다. 놀라 몸이 굳어 버린 자들도 있었다. 헬레네는 정신을 차리고 차분한 목소리로 물었다.

"그럼 어찌해야 하느냐? 우리 모두 신의 제물로 칼날을 기다려야 하는 것이냐? 말을 좀 해 보아라."

"왕비님, 방법이 딱 하나 있습니다만."

"그래? 그게 무엇이냐?"

"메넬라오스 왕이 전쟁에 나가 계시는 동안 저 북쪽의 산과 계곡은 버려졌죠. 아무도 돌보지 않던 그곳에 용감한 종족이 와서 성을 쌓고 짐승들도 키웠죠. 그들은 아주 대담하고 쾌활한 사람들이더군요. 그들이 만든 성도 얼마나 멋진지 몰라요. 대충 거친 돌들을 쌓아서 지은 것과는 차원이 다르다고요. 반짝반짝 미끈미끈 그렇게 우아하고 잘 갖춰진 성은 처음 봤습죠. 멋진 발코니도 있고 젊은이들도 많죠. 그곳으로 도망치셔야 합니다!"

메피스토는 사방으로 침을 튀겨 가며 열변을 토했다. 자신도 제물로 바쳐질지 모른다는 초조감에 시녀들은 모두 숨을 멈추고 헬레네의 입을 바라보았다.

"정말 왕께서 나를 그리 잔인하게 대하실까?"

헬레네의 작고 빨간 입술 사이로 깊은 한숨이 터져 나왔다.

"그래, 안 그럴 수도 있어. 메넬라오스 왕이 얼마나 왕비님을 사랑하시는데."

"그분은 점잖고 친절하신 분인걸."

시녀들이 웅성거리자 메피스토가 말했다.

"왕비님, 배를 타고 오는 동안 다 잊으신 거 아닙니까? 파리스 왕자의 동생을 왕께서 어떻게 처리하셨습니까? 소인 입으로는 뱉지 못할 만큼 끔찍하게 죽이지 않았습니까?"

이 말에 시녀들이 맞장구를 쳤다.

"맞아, 맞아. 아주 그냥 토막을 냈지."

"그뿐 아니지. 왕비님께 조금이라도 접근하거나 손을 댔던 놈들은 모두 다 박살을 내셨어. 가장 잔혹한 방법으로 말이야."

"코와 귀를 다 도려낸 적도 있잖아."

메피스토가 이 모든 말에 쐐기를 박듯이 큰 소리로 말했다.

"왕께서는 결코 왕비님의 사랑과 아름다움을 그 누구와도 함께 나눠 가질 생각이 털끝만큼도 없으십니다요. 그런데 왕비님은 한때 트로이 성에서 파리스 왕자와 함께했지요. 왕께서 아끼시던 부하들도 그 전쟁으로 많은 피를 흘렸고요. 얼마나 희생이 많았습니까?"

멀리서 왕의 배가 도착하고 있다는 나팔 소리가 들렸다. 헬레네와 시녀들은 어쩔 줄 몰라 발만 동동 구르고 있었다.

"시간이 없어요. 결정하셔야 해요."

"왕비님! 저희를 살려 주세요!"

"오, 제발!"

나팔 소리와 병사들이 행진하는 소리, 그리고 높이 쳐든 창들이 번쩍이며 다가오고 있었다. 한순간의 결정이 자신의 운명을 가를 것이었다. 헬레네가 다급하게 말했다.

"그래, 결심했다. 일단 너를 따라 북쪽에 있다는 성으로 가자꾸나. 얼른 앞장을 서거라!"

메피스토는 옷깃으로 입을 가리고 키득거렸다. 그는 죽음에 대한 공포로 정신을 차리지 못하는 헬레네와 시녀들을 이끌고 메넬라오스 왕의 궁전을 빠져나갔다. 그런데 어찌 된 일인지 궁전 안에선 따스하고 밝은 날이었는데, 밖으로 나오자마자 온통 세상이 음침하고 어둡고 축축해져 버렸다. 재를 뿌린 듯한 안개가 눈앞까지 가려 어디가 길인지 하늘인지 낭떠러지인지 알 수가 없었다. 그들은 두려움에 떨며 서로 옷자락을 잡고 메피스토만 따라갈 수밖에 없었다. 어디로 가는지 알 수 없었다. 점점 더 짙어지다가 조금 묽어지다가 다시 무거워지는 어둠 속을 공포로 덜덜 떨며 한참을 걸었다. 그러다 갑자기 눈앞에 화려하고 웅장하고 높은 성이 한 채 나타났다. 메피스토의 말대로 성은 그 누구도 한 번도 본 적이 없을 만큼 멋지고 환상적이었다. 그들은 한시름 놓이기도 했지만 맞이하는 사람이 아무도 없어 더 불안하기도 했다. 웅성대는 시녀들 틈으로 헬레네가 나서서 큰 소리로 말했다.

"여봐라, 성의 영주에게 헬레네 왕비가 왔노라 일러라. 몹쓸 마법사라면 당장 물러나고 예의를 아는 자라면 우리를 맞을 준비를 해라. 자, 이렇게 일렀으니 알아들었을 것이다. 성으로 들어가자꾸나."

헬레네와 시녀들은 주위를 두리번거리며 경계를 풀지 않고 성을 향해 걸음을 옮겼다. 그때 뿌연 안개와 적막이 가득한 가운데 어스름하게 궁중 복장을 한 남자의 모습이 드러나고 있었다. 청년의 모습을 한 문수였다. 그는 고급스럽게 빛나는 옷을 입고 품위 있고 우아한 걸음걸이로 헬레네 일행을 향해 오고 있었다.

"어머, 저분 좀 봐. 너무 우아하고 고상하다."

"어쩜 저렇게 늠름할까?"

"그러면서도 상냥하고 온화하게 웃는 모습이라니!"

"쉿! 경박하게 굴지 말거라!"

헬레네가 눈에 힘을 주고 시녀들을 단속했지만, 그녀 역시 문수의 모습에 경탄했고 마음이 부드러워졌다. 문수는 허리와 무릎을 굽혀 헬레네에게 예를 갖춰 인사하고 말했다.

"왕비님, 실례를 범했습니다. 당신을 맞을 환영 준비를 아직 마치지 못했습니다. 부디 용서해 주십시오. 자, 이쪽으로."

그는 팔을 펼쳐 헬레네를 성안으로 이끌었다. 그곳엔 붉은 비단 양탄자가 높은 옥좌로 이어져 있고 양옆으로 갖은 보물과 꽃, 휘황찬란한 장식품이 쌓여 있었다. 깨끗하게 차려입은 신하와 하인도 마치 자신들의 주인을 기다리고 있었다는 듯 헬레네를 보자 허리를 숙여 경의를 표했다. 문수가 절도 있게 헬레네를 향해 말했다.

"당신께 충성을 바칩니다. 저를 당신의 충실한 신하이자 하인으로 써 주십시오. 함께 이 왕국의 지배자가 되어 주세요. 끝도 없고 찾을 수도 없는 아름다움을 이 세상에 나타내 주신 헬레네, 당신이 원하는 그 무엇이든 바칠 준비가 되어 있습니다."

문수는 인간이 되고 싶었고 인간의 삶을 살고 싶었다. 하지만 사실 이보다 인간이란 무엇이고 인간의 삶이란 게 대체 어떤 것이기에 자신이 그토록 되고 싶고 살고 싶은지 알고 싶었다. 헬레네로 표현되는 지극한 아름다움, 인간이 추구하는 최고의 아름다움 역시 그 과정 중 하나였다. 그뿐이었다. 다만 헬레네를 자기 눈앞에서 보기 전까지는 말이다.

문수는 헬레네를 보는 순간 자신이 헬레네에게 의미 있는 무엇이 아니라면 결국 아무것도 필요하지 않다고 생각했다. 헬레네의 신하가 되겠다는 말은 그녀에게 호감을 사기 위한 게 아니라 그의 굳은 결심이었다. 그렇게 만드는 것, 그 앞에서 모든 것을 굴복시키는 힘, 그것이 아름다움이라 느끼면서.

소중한 것만이 아프게 한다

헬레네 역시 자신을 극진하게 모시며 안정과 평온을 보장해 주고 아름답고 건장하기까지 한 청년 문수에게 호감을 느꼈다. 문수는 용기 있고 명석해 보였고 상냥했다. 그녀는 새로 태어난 것 같았고 그 이유가 문수와 하나가 됐기 때문이라 생각했다. 문수는 헬레네를 위해 사랑과 열정과 그 외의 모든 것을 바치고 싶었다. 그녀를 위해 군대를 이끌고 이 세상을 모두 정복하여 바치고 싶었다. 실제로 지휘관들을 모아 군대를 재정비하고 무기를 갖추고 영토를 확장했다. 그리고 모든 승리와 영광을 헬레네에게 바쳤다.

"강철 갑옷을 입고 행진하라! 진격하라! 너희 모습을 헬레네 여왕께서 지켜보신다. 방어하고 공격하라! 여왕의 빛과 권위를 온 세상에 보여 주어라!"

문수의 군대는 깃발을 나부끼며 산을 넘고 골짜기를 지나 영토를 넓혀 갔고 바다를 넘나들었다. 나팔 소리를 울리며 헬레네의 영광을 노래했다.

그리고 어느덧 그들 사이에서 오이포리온이라는 이름의 귀여운 아들이 태어났다. 헬레네와 문수는 아들의 웃음과 재롱에 뛸 듯이 기뻐 소리치며 좋아했고 행복의 처음부터 끝까지를 다 누리는 듯했다. 그들은 아들이 사랑스러워 죽을 지경이었다. 자고 있으면 눈을 감고 있는 모습이 너무 귀엽다고 난리를 쳤고, 일어나서 눈을 깜박이면 그 모습이 너무 귀엽다고 다시 난리였다. 아들에 대한 사랑과 그들의 자랑에 궁중의 시녀들과 하인들이 고개를 내저으며 불평을 쏟을 정도였다.

지나치게 오냐오냐하며 자라서일까. 오이포리온은 장난꾸러기 철부지에 천방지축이었다. 차라리 이것저것 깨뜨리거나 누군가를 놀려 대면서 말썽을 부리면 나을 텐데, 온종일 하는 건 껑충껑충 뛰어오르거나 높은 곳에서 뛰어내리는 일이었다. 오이포리온에게 그 일은 재밌을 수밖에 없었다. 어찌 된 일인지 그가 발가락에 힘을 주고 땅을 톡 차기만 해도 튕겨 오른 공처럼 높은 바위꼭대기까지 날아갈 수 있었다. 어린아이에게 이렇게 매혹적인 놀이가 어디 있겠는가. 그는 발바닥을 땅에 붙이고 있으면 큰일이라도 생길 것처럼 눈을 뜨기만 하면 여기저기로 튀어 올라 다녔다. 그리고 점점 높이 오를 수도 있었고 높은 곳에서 뛰어내릴 수도 있었다.

"아가야, 제발 조심하렴. 그렇게 높은 곳으로 올라가면 위험해."

"걱정하지 말아요, 엄마. 높은 곳에서 바라보면 얼마나 다르고 멋진 줄 알아요? 난 구름 속에서 땅과 바다를 바라보고 싶어요."

"오이포리온, 살살 좀 해. 지난번엔 네가 없어져 다친 줄 알고 네 엄마가 울고 모든 사람이 얼마나 힘들어했니."

"에이, 걱정하지 말아요, 아빠. 난 바람보다 더 높이 올라갈 거라고요. 아, 하늘을 향해 튀어 오르지 않으면 미칠 거 같아요. 아마 전날아다니기 위해 태어난 거 같아요."

그러면서 자신이 있는 곳이 너무 답답하다며 더 넓고 더 높고 더 먼 곳으로 가고 싶어 안달이었다. 그리고 어느 날 이 욕망을 행동에 옮겼다. 자유로워지고 용감해지고 강해지고 싶었던 오이포리온은 당연히 위험을 무릅쓰고 높이 날아 보기로 했다.

"자, 이제 난 자유롭게 날 거예요!"

"얘야, 위험해! 안 돼!"

헬레네와 문수가 뒤를 따라오며 소리 질렀지만, 그는 가장 높은 절벽에 올라 하늘을 향해 두 팔을 펼치고 몸을 던졌다. 잠시 넓은 옷자락이 펼쳐지며 그를 떠받들어주는 듯이 보였지만 곧 빛처럼 빠르게 곤두박질쳐 헬레네와 문수의 발 앞에 떨어졌다. 그러고는 마치 그들에게 오이포리온이란 아들은 태어나지도 않았고 살아 있을 수도 없었던 그 무엇처럼 바닥에는 그의 옷만이 남겨졌고 몸은 하늘로 혜

성처럼 올라갔다.

놀라움과 비통함에 문수와 헬레네는 비명조차 지르지 못했다. 그러다 둘 다 땅을 치고 하늘을 향해 울부짖었다.

"어떻게 이럴 수가! 가장 큰 기쁨이 가장 큰 고통이 되어 버렸다. 아, 너무나 잔인하다!"

"앞으로 무엇 때문에 살아야 한단 말인가. 순간순간이 비참할 뿐인데."

헬레네는 슬픔으로 몸부림쳤다. 충격과 끔찍함으로 제정신이 아니었다. 오이포리온이 깊숙한 저승 세계에서 그녀를 부르고 있다고 했다. 외롭다고, 자신을 제발 혼자 두지 말고 안아 달라고 한다고 했다. 그때까지 그 누구에게도 말을 걸지 않고 울기만 하던 헬레네는 무언가 결심한 듯 문수에게 말했다.

"옛날에 이런 말이 있었지요. 행복과 아름다움은 결코 함께할 수 없다고요. 어떤 사람들은 저 때문에 그리스와 트로이의 전쟁이 일어났다고 비난했죠. 저의 아름다움 때문에요. 고통과 죄책감만이 제게 남아 있었어요. 그런 저를 유일하게 생명과 사랑으로 이끌었던 건 오이포리온이었어요. 그런데 이제 그 마지막 희망이자 끈이 끊어져 버렸네요. 아, 난 오이포리온에게 가야겠어요. 당신께 작별 인사를 합니다."

헬레네는 천천히 문수를 껴안았다. 그리고 마치 연기처럼 오이포리온이 사라진 것과 똑같이 사라져 버렸다. 문수의 팔엔 눈물에 젖은 헬레네의 옷과 베일만이 남아 있었다. 문수는 바닥에 엎드려 헬레네를 부르며 울부짖었다.

"헬레네, 어떻게 이럴 수가……. 헬레네! 돌아와요, 헬레네!"

그때 누군가 문수를 마구 흔들었다. 문수는 거의 넋이 나간 상태였지만 하도 거세게 흔들어서 뒤를 돌아보았다.

"흑흑흑, 헬레네, 헬레네……."

"문수야, 정신 차려! 왜 그래? 정신을 잃으면 안 돼! 회로에 문제가 생겼나? 문수야!"

문수의 눈앞엔 걱정스러운 표정으로 박은오 박사가 서 있었다.

"어, 헤, 헬레네? 엄, 엄마? 헬레네는? 헬레네!"

"우하하하! 헬레네? 그래, 좋아. 아주 바람직한걸."

박사는 문수의 안색을 살피더니 안심하고는 실험실 바닥을 두드리며 배를 잡고 웃었다.

"역시 내가 아들을 잘 만들었어. 드디어 이 박은오의 아름다움을 알아보는구나! 그래, 내가 헬레네만큼 아름답긴 하지. 하하하."

"꿈? 나 꿈꾼 거야? 이런 게 꿈이야? 아니, 꿈은 아닌 거 같아. 꿈일 수는 없어."

다시 헬레네와 오이포리온 생각에 눈물이 글썽이는 문수에게 박사가 말했다.

"꿈이야. 네가 잠들기 전에 내가 그리스 신화의 트로이 전쟁과 헬레네에 대해 읽어 줬거든. 최소한 호문쿨루스가 충전 중인 상태에서 미세한 전기 자극을 통해 영상을 흘려 넣거나 낮의 경험들이 잔상으로 남아 전파를 타고 흘러 다닐 수는 있지만, 호문쿨루스가 만약 꿈을 꾼다면 둘 중 하나야. 뇌 회로 또는 전기 자극에 큰 문제가 생겼거나 아니면 인간이 되어 가고 있거나."

"그래?"

"응, 좀 더 연구를 해 봐야겠다. 악마와 계약을 맺으면서 네게 많은 변화가 있기는 해. 감정의 격렬함이라든가 인간 경험의 축적이라든가 꿈이라든가. 난 네가 원하는 것이 되길 바라고 내 곁에 오래 있길 바란다. 그러나 악마가 우리 좋을 대로만 해 줄 리 없어. 뭔가 대책을 세워야지."

그때 뾰족한 귀와 납빛의 얼굴에 음흉한 웃음을 띠며 메피스토가 문수와 박사 사이에 끼어들었다.

"워, 워, 이거 왜들 이러시나. 악마는 늘 인간이 소원을 이루는 걸 도와주는 친구라고 몇 번이나 얘기했잖아. 왜 이해를 못 하는 거지? 지금까지 누가 너희를 도와줬어? 응? 대답해 봐, 나밖에 없잖아. 너무하는 거 아냐? 나를 빼놓기 위한 대책을 세우다니! 그런 게 바로 배신이지, 쯧쯧. 그리고 말이야, 내가 그렇게 위대한 여행을 시켜 줬는데 감사할 생각은 안 하고 꿈이라? 배은망덕이야! 역시 악마는 늘 인간에게 배신만 당해."

"꿈이 아니라고?"

"꿈이야, 문수야. 그거 말고 네가 잠든 동안 뭐가 있었겠니? 내가 읽어 준 책 때문에 생긴 환상이 너의 수면에 끼어든 거야."

"하긴 나에게 아들이 있고 헬레네가 내 아내라니, 꿈이 아니면 말이 안 돼."

"오호, 호문쿨루스가 꿈을 믿다니, 게다가 호문쿨루스가 말이 안된다는 말을 하다니, 호문쿨루스 자체가 말이 안 되는 거 아냐? 널 인간의 모든 지식과 경험과 아름다움과 지혜로 인도하기 위해 내가 피땀 흘려 헬레네에게 데려간 거야. 정말 정신 좀 차리라고!"

"꿈이든 환상이든 중요하지 않아. 잊혀지지가 않아. 헬레네와 성과 오이포리온, 스핑크스와 세이렌들……. 예현이를 사랑하면서 겪었던 고통과 헬레네를 잃으면서 겪었던 상실감. 온몸의 세포가 다 아파. 찢어질 거 같아. 어떻게 하지?"

"멍청한 호문쿨루스야, 난 네가 인간이 되길 바라지, 그것도 아주 훌륭한 인간. 가장 아름답고 지극히 멋진 영혼을 가지길 원해. 그래야 가져가는 보람이 있지 않겠어? 헬레네와의 만남으로 넌 아름다움 그 자체와 예술적인 것, 인간이라면 추구할 지극한 아름다움과 숭고한 가치를 맛본 거야. 그걸 내가 선물한 거고. 네가 인간이 된다면 그야말로 내 덕분일 거야. 넌 점점 더 인간의 모습이 되어 가고 있구나. 하하하."

메피스토는 그러잖아도 무너질 것 같은 실험실 지붕이 들썩거릴 정도로 자기 자랑을 늘어놓았다.

문수는 가슴을 움켜잡고 생각에 빠졌다.

'뭐든 좋아. 어차피 이제 난 저 악마와는 파기할 수 없는 계약을 한 거니까. 난 박은오 박사가 아무도 모르게 만들어 낸 호문쿨루스야. 그게 나였어. 이 실험의 완벽한 성공이 내가 인간이 되는 것이었기 때문에, 또 호문쿨루스의 본능 때문에 난 인간이 되길 원했지. 근데 지금 나는 온갖 걱정과 고통의 경험밖에 없어. 물론 그것이 인간들이 겪는 것이란 건 알지만. 난 대체 지금 무엇일까? 그리고 왜 존재하는 걸까? 난 어디로 가고 있는 걸까? 휴…… 이런 고민을 하다니 이러다 정말 인간이 되기 전에 철학자가 되고 말겠네.

게다가 조그만 집에서 꼬물거리며 알콩달콩 사는 것이 유일한 꿈이었던 예현, 아름다움 그 자체라는 헬레네와의 만남. 그 어느 곳에서도 난 평온할 수 없었어. 계속 방황하고 떠다니기만 했어. 내가 찾으려는 건 뭘까? 메피스토가 원하는 인간의 영혼이라는 건 뭘까? 모든 것이 영원하지 않다는 거, 그것이 인간의 진리인가? 고대이건 헬레네라는 아름다움이건 사랑이건 완전한 건 하나도 없었어. 끊임없이 뭔가 일어나고 사라지고 변화하기만 했지.

그래도 이 아픔 속에서 머리가 아닌 가슴으로 하나는 알게 된 거 같아. 박사는 날 단순히 자신의 실험 결과물이라고만 생각하지 않는다는 거, 그걸 지금까지의 경험으로 얘기하자면 사랑이라고 말할 수 있다는 거 말이야. 그래서 두려워. 박사에게서 내가 사라지거나 내게서 박사가 사라지는 게.'

문수를 다시 떠들썩한 메피스토의 자랑질 속으로 돌아오게 한 건 박사의 따스한 손길이었다. 박사는 문수의 얼굴을 쓰다듬으며 가볍게 흥분한 목소리로 말했다.

"그래서 말인데, 문수야. 이게 최선인 거 같아. 이제 진짜 뭔가를 얻을 수 있을 거야."

"응? 무슨 소리야?"

"지금까지 내 말 안 듣고 뭐 하고 있었니? 호문쿨루스의 조상을 찾아가자고!"

"엄마야말로 정신 좀 차려. 호문쿨루스에게 무슨 조상이 있어? 실험 실패의 결과만 있지. 예전에 엄마가 그랬잖아. 중세부터 마법사나 연금술사가 신과 같은 존재가 되겠다고 인간을 만든답시고 시도하다가 다 실패했다고. 기껏해야 플라스크 속에서 연기만 났다고. 연기와 먼지라면 여기도 잔뜩 있네 뭐."

"전에 잠들기 전에 엄마가 읽어 줬던 헬레네 이야기 있지? 괴테가 쓴 《파우스트》에도 헬레네와 호문쿨루스 이야기가 나오지. 마치 네가 꾼 꿈처럼 말이야. 파우스트 박사가 고대 그리스에 가서 헬레네를 만나는데 그의 제자인 바그너가 만든 호문쿨루스가 그리스로 안내하거든. 물론 여기 있는 악마 메피스토와 함께."

"그건 그냥 소설 아니야?"

불쑥 메피스토가 끼어들었다.

"오호, 소설이라. 그것참 호문쿨루스다운 대답이군 그래. 이렇게 앞에 그 주인공인 지옥의 지배자 메피스토가 있는데 말이지."

"엄마가 보니까 거기에 나오는 호문쿨루스는 플라스크 바깥을 아예 나오지 못했어. 머리는 굉장히 좋았지만 육체적으로는 형편없었지. 그 호문쿨루스 역시 인간이 되고 싶어 고대를 여행했거든. 그리고 사라졌어. 어떻게 됐는지 잘 알 수가 없네. 어차피 우리는 위험을 감수할 수밖에 없어."

"너희가 감당하고 있는 건 위험이 아니라 나, 메피스토의 은혜라고! 네가 인간이 되면 별 쓸모없는 너의 영혼을 나에게 주면 되고, 네가 인간이 되지 못하면 호문쿨루스 상태로 그냥 고장이 나거나 망가져서 쓰레기장에 버려지는 거지. 그래, 어쨌든 난 원조 호문쿨루스와 함께한 적이 있지. 그 경험을 네게 주겠어."

"엄마……."

"그래……."

그들은 많은 말을 하지 않았다. 말을 더 할 수도 없었다. 그러나 서로에 대해 모든 걸 처음으로 알게 됐다. 사랑과 모험과 위험과 고통, 그 모두를.

원조 호문쿨루스를 만나다

문수는 가슴이 두근거렸다. 하지만 예현을 기다릴 때나 헬레네를 바라볼 때의 두근거림, 설렘과는 다른 것 같았다. 이 세상에 그 무엇도 자신과 같지 않다고 생각했다. 인공 지능 로봇과 가끔 접속하고 만나기도 했지만, 문수는 태생부터 그들과 달랐다. 그들이 스스로 진화할 수도 있고 지능은 물론 인간의 감정을 느끼고 행동할 순 있겠지만, 인간 육체의 원소 추출과 결합으로 만들어진 문수와는 달랐다.

아직 플라스크 속에서 벗어날 순 없다지만 처음으로 호문쿨루스를 만나는 거다. 그는 문수를 보고 어떤 반응을 보일까? 과연 플라스크를 절대 벗어나지 못하는 상태란 어떤 기분일까?

"파우스트 박사의 제자였던 바그너를 만났을 때가 기억나는군. 재수 없는 녀석이었지. 그 녀석이 호문쿨루스를 만들면서 이렇게 얘기했지. 그때까지 인간이 아기를 만드는 방법은 한물간 거라고 말이야. 그런 방법은 동물들에나 해당하고 인간은 타고난 능력에 맞춰 새롭게 아기를 만들어야 한다나? 그러더니 수백 가지 것들과 인간의 물질을 플라스크에 넣고 섞은 다음 꽉 닫더니만 증류를 했던 거 같아. 그리고 나서 내게 보여 줬던 게 플라스크 속의 난쟁이 인간, 호문쿨루스였어. 그때 얼마나 자신만만해 하던지, 자기가 신이 된 줄 알더라고. 자연의 신비와 신만이 하는 창조를 과학의 힘으로 자신이 보여 준 거라고 으스댔지."

문수는 악마란 게 이렇게 지독하게 수다스럽고 시끄러울 줄은 몰랐다. 물론 메피스토가 처음 만난 악마이긴 하지만. 어차피 악마와 함께 여행해야 한다면 가능하면 조용하고 겸손한 녀석이었으면 좋았을 거라고 생각하며 그는 다시 고대를 향해 가고 있었다.

"그래도 그때 그 호문쿨루스 녀석, 재주는 좀 있었지. 박사가 네게 입력한 데이터보다 훨씬 많은 것을 알고 있었던 거 같아. 이야기도 아주 사기꾼처럼 잘하고 플라스크 바깥으로 빛을 뿌릴 줄도 알았지."

"나를 위해 데이터를 사기엔 너무 가난해서 그런 것뿐이야."

문수는 메피스토를 째려봤다.

"이히히히, 노려보지 마. 너도 눈에서 빛이 나오긴 하는구나."

악마가 원하는 건 어쩌면 인간의 영혼이 아니라 수다를 떨 상대일 거라는 생각이 들었다. 죽지도 못하고 지옥의 인간들을 괴롭히는 것도 더는 재미없으니까 수다 상대를 찾아 농담 따먹기나 하고 자신의 힘을 자랑하려는 한심한 존재라는 생각도 들었다. 이런 영원함보다는 차라리 쓰레기장에 버려지는 고장 난 호문쿨루스가 낫다는 생각과 함께.

"이 녀석, 속으로 날 수다쟁이라고 얘기했지? 뭐, 맘대로 하렴. 그런데 네 선조 호문쿨루스도 나만큼 수다스럽고 호기심이 많았다고. 꾀돌이에 계략가이기도 했지. 잔소리꾼에다가. 크크크. 악마인 나에게까지 동남쪽으로 가야 한다는 둥 진짜 악마가 되려면 고전적인 것도 알아야 한다는 둥 그랬다고. 진짜 무례하고 건방졌지. 병 속에 있는 주제에 말이야. 파우스트 박사에게 헬레네 얘기를 하면서 자신에게 맡기라고 하질 않나. 그러고는 나랑 파우스트 박사가 함께 고대로 간 거야."

문수의 기대감과 설렘은 조금씩 두려움으로 바뀌고 있었다. 쇠붙이를 긁는 듯한 악마의 목소리만으로도 피로를 견디기 힘든데 이와 쌍벽을 이루거나 더 시끄럽고 제멋대로라니, 그에게 어떤 도움을 받게 될지 몰라도 말을 걸고 싶지는 않았다. 게다가 실제로 그가 이룩한 것이 무엇인지도 잘 모르지 않는가. 무너진 댐에서 솟아나는 물줄기처럼 메피스토의 수다는 끝없이 이어졌다.

"그 녀석에게도 내가 참 좋은 충고를 해 줬지. 헤매지 않으면 아무것도 깨닫지 못할 거라고 말이야. 질투하지는 마. 크크크."

인간은 노력하는 한 아름다운 이름을 찾는다

2

"쳇, 근데 왜 그 할아버지 호문쿨루스는 고대로 갔어? 호문쿨루스 연구나 인조인간에 대한 얘기는 16세기나 되어야 나왔을 텐데. 너무 아무 데나 헤맨 거 아니야?"

"그건 네가 좀 무식해서 그래. 고전주의라고 들어는 봤나? 인간은 오로지 신의 뜻으로만 살아야 하는 피조물이라고 생각했던 중세에 비해 과학이 발달하면서 인간의 자신감과 이성이 꿈틀거렸지. 감정보다는 이성이 중요하다면서 우아하고 균형 잡히고 조화로운 것들을 만들어 내겠다고 한 시절이 있었어. 18세기 정도에 말이야. 음악, 그림, 문학에서 모두. 그러면 뭔가 모범이 있어야 할 거 아냐? 우리는 이러이러한 것을 모범으로 삼아 고전주의를 추구한다, 이런 게 필요했지. 고전주의자들이 모범으로 삼은 게 바로 고대 그리스의 아름다움이었어. 너도 봤잖아. 헬레네와 그리스의 조각들, 건축들. 고대 그리스엔 세상에 대한 진실을 알고 싶어 하는 욕심쟁이가 아주 많았지. 철학자라고 하는 인간들 말이야. 사실 신이 아니라면 악마를 숭배했어야지, 바보 인간들. 하긴 늘 그들의 마음 한쪽에서 악마를 숭배하기는 하지."

"쳇, 이젠 아예 강의를 하시는군. 넌 수다를 떨고 싶어서 절대 인간 곁을 떠나질 못할 거야. 아무튼, 그래서 호문쿨루스가 고대로 간 거란 말이지?"

"아, 그 녀석 저기 있다. 말 좀 걸어 볼래?"

"아니, 나와 같은 운명의 무언가를 만날 준비가 되지 않았어. 좀 더 지켜보자."

그들은 빛과 소리가 나는 플라스크와 두 사람이 있는 고대 그리스 테살리아 지방의 핀두스 산맥 어느 바위 근처에 자리를 잡았다. 문수는 악마가 가끔은 사실을 얘기한다고 느꼈다. 플라스크는 아주 빠르고 요란스럽게 떠들어 대고 있었다.

"그런데 저 옆에 후줄근한 사람들은 누구야?"

"하나는 아낙사고라스, 하나는 탈레스. 두 사람이 살던 시기는 달랐지만 혼령의 세계에선 가능하지."

"이름을 물어본 건 아니야."

"잘사는 좋은 집안에서 태어났는데 아낙사고라스는 돈이나 권력에 관심이 없었지. 하늘과 세상이 어떻게 이루어져 있는지에만 골똘했거든. 근데 초자연적인 신성보다는 자연의 원리와 과학으로 이를 설명하려 해서 당시 사람들에게 욕도 많이 먹었어. 태양 마차를 모는 신이나 달의 여신이 아니라 태양은 붉고 뜨거운 돌이라고 했고 달은 흙이라고 했는데 이것만으로도 고발당했다니까. 흐흐흐. 지금 생각하면 되게 웃기지? 흙은 무거우니까 밑에 있고 불은 위에 있고 그 사이에 물과 공기가 있다고 말했지. 그리고 모든 물질은 무한히 나뉠 수 있다고 했고 아무리 작아도 물, 불, 공기, 흙의 네 원소 중 하나를 가지고 있다고 한 사람이야."

"그가 철학과 과학의 역사이고 시작이었구나."

"그 옆에 있는 자는 탈레스라고 수학과 천문학에 관심이 많았어. 세상을 이루는 가장 근원적인 물질이 물이라고 했지."

"음, 대충 알겠으니 이제 떠들지 말고 저들의 얘기를 들어 보자."

둘은 살금살금 호문쿨루스에게 들키지 않을 정도로 다가갔다.

그들은 마치 세미나를 하는 것처럼 열띤 토론을 하고 있었다.

"당신들이 자연을 외치고 설명하는 소리를 들었어요. 내가 어디를 가고 어떻게 해야 할지 알려 줘요. 난 이 유리병을 깨고 밖으로 나가고 싶거든요. 당신들이라면 생명과 자연에 대해 많은 걸 알 테니까요."

플라스크 속 호문쿨루스의 외침은 문수의 가슴속 외침과 똑같았다. 문수는 플라스크 대신 유리관에 오래 있어야 하지만 벗어날 수 있었고 짧은 시간이지만 인간처럼 생활할 수도 있었다. 하지만 눈앞의 저 호문쿨루스는 지능만 가지고 있으니 얼마나 힘들까? 메피스토만큼 수다스럽지만 않다면 다가가서 꼬옥 안아 주고 싶었다.

"모든 생명은 물에서 태어났어. 그걸 명심해야 해."

탈레스가 플라스크를 유심히 바라보며 말하자마자 아낙사고라스가 두 발로 땅을 구르고 산을 손가락질하면서 항의했다.

"자네, 얼마 전 지진을 겪고도 그런 말을 하나? 엄청난 불길이 솟고 가스가 뿜어져 나오고 납작했던 땅이 마구 솟아오르면서 산이 생겨났잖아. 바위는 이처럼 불에서부터 태어나지. 자네가 두 발로 딛고 있는 바로 그 바위 역시 물이 아니라 불에서부터 나온 거라고. 그런데 어떻게 다른 걸 두고 물을 이야기하는가?"

"그래, 지진이 있었지. 내가 그 지진으로 생긴 산의 한 곳에 있는 것도 맞아. 하지만 그걸로 끝이었잖아. 지금 그 산에는 개미들에 엄지만 한 인간들, 아주 작은 피그미 같은 난쟁이 종족이 몰려들어 금을 캐내고 있을 뿐이야. 금은 세공을 하고 땅에서 나온 황금과 보물을 쌓아 두고 으스대지. 보물을 지키느라 왜가리들을 화살로 쏘아 죽인 것밖에 한 게 없어."

"유리병 속에 든 이 친구에겐 그들이 필요할지 몰라. 어떤가? 자네가 그들 난쟁이 종족을 다스려 볼 생각은 없나? 그렇다면 자네에게 왕의 지위를 주지."

"왕이요?"

"그만둬. 그건 자네가 진정으로 원하는 걸 얻을 수 있는 길이 아니라고. 절실하게 인간이 되고 싶다면서? 그런데 난쟁이 종족 사이에 있으면 어찌 되겠나? 기껏해야 광산에서 일하는 난쟁이가 되겠지. 그게 인간은 아니잖아. 그들은 기껏해야 하늘을 날아다니는 왜가리, 학과 전쟁을 하는 게 다야. 학이 발톱과 부리로 난쟁이를 쪼아 죽이면 난쟁이들은 다시 공격하고, 그게 뭐냐고. 그걸 원하나?"

호문쿨루스가 플라스크 안에서 빛을 내며 자신 없는 소리로 말했다.

"그럼 어떻게 하는 게 좋을까요?"

문수는 이곳의 모든 것이 마음에 들지 않았다. 지진이 일어난 산에서 보물을 모으는 여러 난쟁이 종족도 이해할 수 없었고 그들이 왜 가리, 학과 죽이고 죽는 전쟁을 하는 건 더더욱 한심해 보였다. 탈레스와 아낙사고라스가 고대의 위대한 철학자이고 수학자라고 해도 자신에겐 별 도움이 되지 못했다. 그리고 이들 중 가장 마음에 들지 않는 건 어찌 보면 자신의 조상이라고 할 수 있는 플라스크 속의 호문쿨루스였다.

'저 물질은 뭐야? 물도 불도 흙도 공기도 아니고 인간다운 건 아무것도 없어. 오로지 인간이 되고 싶은 간절함만 있잖아. 저렇게 작고 숨 막히는 플라스크 속에 있으면서 인간이 되게 해 달라고 여기저기 비참하게 구걸하며 다니다니……. 이렇게까지 인간이 되어야 하는 걸까? 인간이란 게 무엇이기에 호문쿨루스는 인간이길 원하고 인간은 왜 인조인간을 만드는 걸까? 나도 저 호문쿨루스처럼 아무런 이유 없이 무조건 인간이 되려고 하는 건 아닐까? 그런 거라면 정말 비참해……'

문수는 당장 박사의 지저분한 실험실로 돌아가고 싶었다. 얼굴이 잔뜩 찌푸려지고 우울해졌는데도 그 자리를 박차고 일어서지 못

하는 것도 이상하긴 했다. 탈레스가 말했다.

"자. 나와 함께 바다에 가 보지 않겠나? 그곳에 가면 환영받을 거네."

그들은 커다랗게 달이 떠 있는 에게 해까지 갔다. 심드렁하고 불편했지만, 문수도 메피스토와 같이 그들을 따라갔다. 탈레스는 신비로운 호문쿨루스를 바닷가의 친구들에게 소개해 줄 생각에 조금 들떠 있었다.

"바다의 노인이라는 별명을 가지고 있는 바다 신, 네레우스에게 가 보세. 네레우스가 사는 동굴이 가까이 있다네. 그는 정말 지혜롭고 아는 게 많아. 예언도 뛰어나고 현명하지. 고집쟁이에 이것저것 트집을 잡아서 골치 아프지만, 그 정도야 그의 능력에 비하면 참을 만한 고통이지. 인간들을 좋아하진 않지만 그의 충고를 듣고 위험에서 빠져나온 사람이 아주 많다네."

"누구든지 날 도와준다면 괜찮아요. 서둘러서 가요, 탈레스 선생님!"

그들은 네레우스 노인이 사는 동굴 입구에 다다라 문을 두드렸다. 플라스크 속 호문쿨루스는 초조하고 기대감에 젖어 들썩거리며 빛을 깜박거렸다. 한참 동안 아무 소리도 들리지 않자 플라스크의 빛은 어둡게 잦아들었다. 탈레스는 손이 빨갛게 될 때까지 계속 문을 두드렸다. 이윽고 동굴 안에서 소리가 들렸다.

인간은 노력하는 한
아름다움을
찾는다

2

"밖에 누구냐? 인간이냐? 매번 무릎 꿇고 도와 달라고 애걸복걸하지만, 결국엔 늘 그 꼴을 벗어나지 못하는 족속들! 어이구, 이제 난 인간이라면 지겨워, 지겹다고!"

"네레우스 어르신! 당신은 지혜롭고 현명한 우리의 스승이십니다. 우리는 당신의 충고라면 뭐든 따르고 소중하게 여길 겁니다. 도와주십시오."

"흥! 내가 또 속을 줄 아냐? 내가 지난번에 누구에게 경고한 줄이나 알아? 트로이의 파리스라고. 스파르타의 왕비 헬레네를 자기 욕심 때문에 데려가 전쟁이 일어나게 한 그 파리스! 내 눈에 보이는 불길과 무너지는 성벽, 비명과 피와 죽음을 그토록 얘기했는데 그게 먹혔소? 동네 강아지가 짖는 소리보다 못했으니 그 일을 벌이고 트로이가 멸망한 거 아니오. 하긴 파리스만 내 말을 헛소리로 여긴 건 아니지. 내가 예언해 준 모든 인간이 그랬어. 주제를 모르는 건방진 것들! 꺼져, 인간들아!"

"아, 인간의 무례함을 용서하세요. 그리고 여기 당신의 예언과 지혜를 빌리고자 하는 건 인간이 아니랍니다. 유리병 안에서 열과 빛을 내는 건데 이건 당신을 꼭 따를 겁니다."

노여움에 펄펄 뛰던 네레우스 노인이 문을 빼꼼 열고 나왔다. 그리고 호문쿨루스를 뚫어지게 쳐다봤다.

"이 아이는 제대로 생명체가 되길 원한답니다. 그러니까 인간이 되길 원하는 거지요."

"뭐? 생명체가 되고 인간으로 변신하고 싶다고? 난 그런 거 관심 없어."

노인은 심술궂게 다시 문을 닫으려 하다가 잠시 멈췄다.

"그래, 탈레스. 넌 프로테우스 알지? 정 원한다면 그를 찾아가. 변신이라면 그 마법사가 알려 줄 거야."

노인이 문을 닫자 탈레스는 머리를 긁적이며 호문쿨루스에게 말했다.

"이런, 미안하네. 잔뜩 기대했을 텐데. 그래도 네레우스 노인 말대로 프로테우스를 만나러 가세."

늘 활기차고 들썩거리던 호문쿨루스가 잠자코 탈레스를 쫓아갔다. 비록 병 속에 들어 있기는 했지만, 몹시 실망해서 기운이 없다는 건 문수도 알아볼 수 있었다.

'저 호문쿨루스 조상이 처음엔 못나서 싫었는데 이젠 불쌍해서 싫어. 깨질 것 같은 유리병에 갇혀 생명체가 되기 위해 계속 돌아다녀야 한다니. 인간만 끊임없이 노력하며 사는 게 아니군. 호문쿨루스의 역사도 마찬가지네 뭐. 휴…… 신의 흉내를 내고 싶어 호문쿨루스를 만든 인간이 원망스럽군.'

"어이, 여기 혼자 쪼그리고 있을 거야? 프로테우스 노인 만나러 간다잖아. 우리도 가 보자고. 프로테우스도 늙은 바다의 신인데 변신이 아주 끝내줘. 나무로도 변신하고 사자로도 변신하고 물로도 변신한 적이 있지. 아주 재밌는 노인이야."

"호문쿨루스가 원하는 건 변신 능력이 아니잖아! 이 바보 악마야!"

"글쎄, 너희들가 과학이라 부르는 것, 꿈이라 부르는 것, 미친 것이라 부르는 것, 거짓말이라 부르는 것, 그리고 변신이라 부르는 것과 생명이 되는 것이 과연 본질적으론 얼마나 다를까? 응? 잠자코 따라가기나 하자."

탈레스와 호문쿨루스는 높은 암벽에 닿았다. 탈레스는 주위를 두리번거리며 프로테우스를 불렀다.

"탈레스, 난 여기 있다네. 여기, 하하. 내가 안 보이나?"

"장난 말고 나타나시게. 여기 아주 신비로운 빛이 있어. 보고 싶지 않은가? 자네가 불빛을 좀 내 봐. 그러면 프로테우스가 나타날게야."

의기소침해 있던 호문쿨루스는 탈레스의 말을 듣고 플라스크 위로 환한 빛을 쏘았다. 그러자 어디선가 커다란 거북이 한 마리가 엉금엉금 기어와 말을 걸었다.

"오! 멋진 빛이군. 빛을 낼 줄 아는 난쟁이구나. 재밌는걸. 이런건 처음일세."

프로테우스는 사람의 몸으로 다시 변신해 호문쿨루스를 요리조리 아래위로 살펴보았다.

"신기한 물건으로 보지는 말게. 보통 인간보다 지능도 뛰어나고 말도 잘해. 그런데 보다시피 현실적인 부분이 부족하지. 유리병 속에서 산다는 건 너무 불안정하지. 이 아이는 인간의 몸을 원해."

이 말을 듣고 문수는 생각했다. 단지 몸을 원하는 게 아니라고. 인간다운 인간, 아름답고 성숙한 인간을 원하는 거라고. 프로테우스가 탈레스에게 물었다.

"근데 이건 여자야, 남자야? 아이야?"

"뭐라고 할 수가 없지. 아직 몸이라고 할 수 없고 인간이라고 할 수 없으니까."

호문쿨루스는 어두운 빛을 띠며 잠자코 있었다. 자기 자신은 정말 아무것도 아니고 그 누구도 아니었다. 떠들어 대는 반딧불이나 움직일 줄 아는 유리병에 불과한지도 몰랐다.

"이 친구, 기운 없어 하기는! 그래서 오히려 더 큰 가능성이 있는 거야! 넌 성공할 수 있어. 처음부터 시작할 수 있는 거지."

역시 프로테우스는 변신의 천재라더니 모습뿐 아니라 분위기도 갑작스레 변화시켰다. 호탕하게 웃어 대며 우렁찬 목소리로 희망을 얘기했다.

"꼬마야, 잘 생각해 봐. 네가 지렁이나 거북이나 돼지라면 오히려 인간이 되기가 힘들 거야. 그런데 넌 아무것도 결정된 게 없잖아, 육체적으로. 그러니 생명의 시작이라는 이 넓은 바다에서부터 새롭게 시작하는 거야. 작은 바다 생물에서 시작해서 점점 진화해 가는 거지. 생명의 어머니인 바다가 널 보살펴 줄 게다."

"정말 그럴까요?"

"그럼, 그렇고말고! 내가 널 영원한 바다에 데려다주지."

프로테우스는 돌고래로 변신하더니 등에 탈레스와 호문쿨루스를 태웠다. 그들은 바다의 가장 깊고 깊은 곳까지 나아갔다.

"바다에서 넌 정신적으로 자유를 누릴 수 있어. 몸도 자유롭게 움직이고. 그것이 가장 아름다운 거지. 그러면 되는 거지, 인간이 되는 건 난 찬성 안 해."

"인간이 되어 한 시대를 멋지게 사는 것도 나쁘진 않다네, 프로테우스. 어쨌든 모든 생명은 물에서 태어났지. 그리고 물이 있어서 생명은 살아갈 수 있어. 그러니 바다에서 네가 시작하는 게 옳아. 생명을 원한다면 생명의 근원에 다가가야 해."

호문쿨루스가 바다를 내려다보았다. 자신의 빛이 물 위에서 어른거리고 있었다. 탈레스와 프로테우스는 손을 맞잡고 감격스러워하며 호문쿨루스를 격려했다.

"바다의 요정들을 따라 어머니인 바다에서 생명이 되렴."

그들은 호문쿨루스를 바닷물 속에 담갔다. 그러자 플라스크에서 격렬하게 빛이 나며 번쩍거렸고 뜨겁고 부드러운 불길이 타올랐다.

"오, 오!"

탈레스와 프로테우스는 기적을 보는 듯한 눈길이었다. 그러나 문수는 한숨을 내쉬며 투덜거렸다.

"뭐야, 생명이 되고 싶어 생명의 근원인 물로 들어가는 거야? 바다와 한 몸이 되는 게 그가 할 수 있는 최선이었어?"

"그러면 네가 가서 좀 도와주지 그랬냐? 지금까지 턱 괴고 팔짱 끼고 씩씩거리면서 엿들은 거밖에 없잖아. 박물관 견학생처럼."

"이 박물관을 추천한 건 너야, 이 쓸모없는 악마! 내가 저 유령들 사이에 끼어서 뭘 하고 싶겠어? '호문쿨루스 할아버지, 안녕하세요.' 하고 인사라도 드려야 해? 됐어. 집으로 돌아갈래. 내가 다윈도 아니고 진화의 과정을 숙제로 내야 하는 것도 아니고. 저 호문쿨루스가 플랑크톤이나 해마로 진화하든 바다의 용이 되든 상관없어. 아직 인간으로 진화하지 못한 건 확실하니까."

문수는 메피스토에게 화가 난 게 아니라 자기 자신에게 화가 났다. 알 수 없는 인간들이 더더욱 알 수 없는 인조인간을 만들어 온 역사가 잔인하고 슬펐고, 그런데도 인간이 되려는 인조인간의 이야기에 가슴이 아팠다. 외면하고 싶었다. 물론 인조인간이 가슴이 아프고 슬프고 잊고 싶은 게 있다는 건 참 이상하지만 말이다.

3

인간은
노력하는 한
소통한다

박은오와 문수의 대화

박은오 박사는 최근에 잠을 제대로 자지 못했다. 아니 잘 수가 없었다. 살도 많이 빠지고 눈은 퀭해지고 얼굴은 흙탕물 같은 색깔이었다. 문수가 변하고 있었다. 그런데 어떻게 변하고 있는지 확신하지 못했다. 스스로 세포와 조직, 신경이 정말 진화하는 건지 아니면 무언가 큰 문제가 일어나고 있는 건지 몰랐다. 적어도 과학자의 관점에서는 말이다. 게다가 자신이든 문수든 악마에게는 영혼이 아니라 떨어진 신발짝이라도 주고 싶지 않았다. 그 당시엔 어쩔 수 없는 선택 아닌 선택이었지만.

한 가지 더 있었다. 악마와 함께한 모험이든 계략이든 정교한 가상 체험이든 약물에 의한 환상 작용이든 그 경험은 문수에겐 너무나 격렬했다. 문수는 만들어지고 나서 한 번도 울거나 소리 지르거나 화를 낸 적이 없었다. 그런데 한 번에 말도 안 되는 일들을 겪으니 피부와 조직, 근육이 빨리 상했다. 박사는 초조했다. 문수의 상태를 전체적으로 다시 점검하기로 했다. 프로그램과 몸의 조직이 제대로 돌아가고 있는지 보고 변화도 관찰해야 했다.

"엄마."

이 소리엔 좀비처럼 기운 없이 슬리퍼를 끌고 다니던 박사도 놀라서 휙 돌아볼 수밖에 없었다. 가끔 엄마라고 부르기도 했지만, 그 억양은 감정 없이 출석을 부르는 선생님의 그것과 다름없었다. 형식은 엄마였지만 내용은 '어이, 박은오 박사'였던 것이다. 그런데 이게 웬일. 마치 봄날 고양이 목덜미의 털처럼 부드러운 저 부름은 무엇인가. 과학자에겐 한 번도 일어나지 않은 일이 일어난다는 건 달갑지 않은 오류거나 고장, 혹은 실패를 의미할 때가 많았다. 박사의 가슴이 덜컹 내려앉았다.

"왜, 왜 그래? 무, 무슨 일이야?"

말을 더듬거리며 유리관 안에 있는 문수에게 달려갔다. 문수는 가볍게 미소를 지으며 더 부드럽게 "엄마"라고 불렀다. 큰일이 일어난 게 틀림없었다. 문수가 결국 자신의 부족함 때문에 이렇게 끝나는가 싶어 박사는 손이 떨렸다.

"인간이어서 좋아?"

"뭐? 뭐라고? 뭐라 그랬니?"

"아니, 그러니까 엄마는 인간이잖아, 태어날 때부터. 엄마는 엄마가 인간인 게 좋냐고."

이런 질문은 그녀의 인생에서 딱 한 번 들은 적이 있었다. 대학교 동아리의 철학과 선배가 그녀에게 잘난 척하려고 무게를 잡을 때였다. 그러고 보니 뉘앙스는 굉장히 다르지만 한 번 더 들은 적이 있긴 했다. 게걸스럽게 삼겹살을 먹고 있을 때 채식주의자에 동물 애호가인 친구가 그랬다. 고기 먹는 인간으로 태어나서 좋냐고. 그러나 그 두 번 다 무시하고 아무 말 하지 않아도 괜찮은 경우였다. 이건 좀 다르다. 대체 문수가 알고 싶은 게 뭔지 짐작하지 못했다.

"그, 글쎄. 돼지나 개로 태어난 거보다는 좋지. 하하하."

어쩌다 그녀는 말더듬이가 되어 버렸다. 운이 없고 돈이 없어서 그렇지 자신을 항상 천재라고 생각해 온 천하의 박은오다. 그런데 멍청하게 돼지나 개보다는 낫다는 말을 그것도 더듬거리며 하다니.

"그런 걸 물은 게 아니잖아. 인간이란 건 뭐가 좋을까?"

"너 뇌가 과열된 거 같아. 호르몬을 너무 많이 넣었나? 음…… 아니면 고대 그리스에 가서 철학자 유령들을 만났다더니, 그 흉내 내는 거야?"

"나 지금 인간이 말하는 화난다는 기분을 아주 잘 느끼고 있어. 그러니 재미없는 말 대충 하지 마. 난 이제 꼬맹이들 학교에 가서 그들을 따라 말하고 표정 짓는 걸 배우며 인간이 되려 했던 그 문수가 아니라고."

아무래도 쉽게 끝날 것 같지 않았다. 기술적인 얘기, 과학적 사실, 실험이라면 몰라도 박은오는 이런 대화는 끔찍하게 싫었다. 인간이 뭔지, 어떻게 사는 게 인간인지 토론하고 얘기하는 시간에 한 번이라도 실험을 더 하는 게 유익하다고 믿었으니까. 그러나 지금은 꼼짝없이 이 주제에서 달아날 수 없다는 걸 그녀는 깨달았다. 쓰레기와 흩어져 있는 책을 구석에 밀고 문수 곁에 조용히 앉았다.

"엄마는…… 할 수 없다고 생각했던 걸 하나씩 이루어 나갔을 때 가장 즐거웠어. 이건 인간이 아니면 할 수 없는 경험 아닐까? 로봇 장난감이 고장 나서 너무 슬펐는데 밤을 새워 이렇게 저렇게 고쳐서 다시 잘 움직였을 때의 기쁨 같은 것. 아무것도 할 수 없었던 갓 태어난 강아지에게 밥을 주고 따스하게 해 주고 나의 정성으로 튼튼한 개가 되었을 때. 풀지 못하던 수학 문제 때문에 끙끙거리다가 드디어 풀었을 때. 나에게만 한해서 얘기한다면 이럴 때 인간인 게 좋았어. 항상 노력하고 그 노력의 결과로 스스로 무언가를 이루었을 때 말이지. 물론 절대로 풀지 못한 문제도 있었지만 그대로 실패로 끝났다고 생각하진 않아. 실패가 성공의 어머니라는 말도 있지만. 하하하. 내가 이런 격언을 쓰니까 이상하지? 그 실패와 실수들로 쓸쓸하고 힘들었지만 그걸 통해서 또 다른 과정을 배울 수 있었거든. 전문가를 찾아간다든지 나의 힘든 마음을 들어주는 친구를 발견하기도 했지. 다른 연구자들을 존경하는 마음도 갖게 됐어. 항상 난 이 세상에서 최고로 똑똑한 사람이라고 생각했는데 겸손을 배우게 된 거지. 이것들은 모두 인간만이 할 수 있잖아."

"그런 성공의 기쁨을 누리려고 나를 만든 거겠군."

문수의 질문에 박사는 손에 땀이 삐질삐질 흘렀다. 아무래도 고대 철학자들을 만나게 한 건 잘못인 거 같았다. 악마를 집에 들인 것도. 모두 그 악마 녀석 때문에 평생 들어 보지도 못한 질문을 받게 된 게 아닌가.

어쨌든 분위기를 보아하니 문수 녀석에게 농담으로 슬렁슬렁 둘러대긴 틀린 것 같았다. 이럴 땐 진검 승부밖에 없다. 자기 자신을 속일 수 없으면 다른 그 누구도 속일 수 없다는 것, 그 어떤 결과도 실패라는 것, 이것이 평생 과학을 통해 박은오가 배운 것이었다.

"처음엔, 그러니까 너의 부분 부분을 만들고 제대로 인간과 생활할 수 있는 호문쿨루스가 되었을 때 분명히 그랬어. 내겐 인간의 일을 도와주고 위험한 일을 해 주거나 인공 지능으로 게임을 하고 프로그램으로 몇 가지 대화를 나누는 로봇을 만드는 건 의미 없었지. 언젠간 인간과 똑같아진다고 하더라도 기본적으로 그건 인간의 세포와 호르몬으로 만든 것은 아니니까. 하지만 호문쿨루스는 달랐어. 그걸 가난하지만 끊임없는 노력으로 이루었을 때, 그러니까 네가 완성되었을 때 내가 느꼈던 건 분명 성공의 기쁨 맞아."

"지금은 내가 완벽하지 않아서 슬픈 거겠군. 스스로 자라나거나 완벽하게 생활이 가능한 게 아니라 점점 부서지기만 하니까. 그래서 악마에게 영혼을 걸었던 거지? 과학자나 되어서 말이야."

문수는 비딱하고 반항적이면서도 슬픈 억양으로 말했다. 박사가 예상할 수 있었던 반응이었고, 그동안의 문수에게는 절대로 예상할 수 없는 슬픔이었다. 얼마 전까지 감정적 반응은 프로그램의 작동에 불과해서 박사처럼 이성적이고 무뚝뚝한 인간에게조차 별 느낌이 없었으니까. 그러나 사랑 때문이었을까? 죽음과 죄책감, 또는 허무와 상실감 때문이었을까? 문수는 셰익스피어 극의 명배우보다도 상대에게 자신의 감정을 잘 느끼게 말하고 있었다. 박사는 태어나서 가장 진지하게 온 마음을 다해 말했다.

"아니. 그건 아니야, 절대로. 사실 나도 나의 호문쿨루스 실험 오류 때문에 슬프거나 고통스럽다면 좋겠어. 그러면 이렇게까지 필사적이진 않을 테니까. 다른 아이들처럼 너를 낳지는 않았지만 다른 아이들과 다른 방식으로 내가 너를 낳은 거야. 그리고 최소한 다른 아이들의 엄마와 같이 나는 너의 엄마이고 너는 나의 아이야."

"뭐 그건 그렇다고 치지."

"네가 나의 아이가 아니라고 하더라도 난 너와 함께 살아가는 것이 정말 행복해. 나랑 함께 있는 게 너여서 행복하단다. 비록 더러운 실험실이지만. 만약 악마가 네가 아닌 호문쿨루스의 완벽한 성공을 원하는지, 아니면 너와 단 하루라도 함께 살기를 원하는지 선택하라고 한다면 난 순간의 망설임도 없을걸. 네가 아니라면 그 어떤 다른 호문쿨루스도 필요 없어. 너랑 하루만 더 살다가 너와 함께 없어지는 게 나아."

말을 하지 않으면 서로 결코 알 수 없다. 그러나 아주 가끔 서로 아무 말도 하지 않고도 모든 걸 알기도 한다. 아니, 아주 드물게 서로 아무 말도 할 수 없다는 걸 알기도 한다. 바로 이때 문수와 박은오 박사가 그랬다. 아주 오랜 침묵만이 가득했다.

그렇다고 이 순간 박사와 문수가 서로의 진심을 알고 다정한 눈빛을 나눈다거나 감격의 눈물을 흘리며 부둥켜안는 건 두 사람 모두 상상할 수 없었다. 그런 엄마이고 아들이라면 서로 그다지 좋아하지 않았을 것이다.

"됐어. 알았어. 그러니 징그럽게 바라보지 마."

"뭐? 징그러워? 생고생하는 엄마한테 할 소리냐, 이 녀석아. 아이고, 서럽고 억울해라."

둘은 그렇게 다시 예전으로 돌아갔다. 아니다. 예전으로 돌아가지 않았다. 어느 때보다 서로 사랑하고 믿게 되었으니까. 박사는 피식 웃으며 일어나 작업대로 돌아섰다.

"난 인간의 조직과 유전자로 만들어져서 인간이 되고 싶은 줄 알았어. 지금까지 쭈욱. 근데 아니었어. 박은오 박사와 살고 싶어서, 박은오 박사처럼 되고 싶어서 그랬던 거야. 이제 알았네. 호호호. 날 좀 더 똑똑하게 만들었으면 진즉 알았을 텐데. 그렇지?"

"이제 쫑알거리지 말고 쉬어. 나도 일 좀 하자."

박사는 돌아선 채 말했다. 문수를 지금 보면 울지도 몰랐기 때문이었다. 주말 드라마 여주인공 같은 낯 뜨거운 일은 삼가고 싶었다.

신과 악마의 대화

그 시각 메피스토는 오랜만에 신과 천사들이 사는 하늘로 올라갔다. 천사들이 자신을 업신여기지 않도록 시궁쥐의 털보다 더러운 머리에 두꺼비 기름을 발랐다. 지옥에 떨어진 코브라 천 마리의 가죽으로 만든 외투로 갈아입었다. 신에게 뒤지지 않을 위엄을 보이고 싶었다. 시체들만 파먹던 까마귀 깃털을 머리에 꽂기로 했다. 그래야 키도 커 보이고 권위도 있어 보일 테니까. 적어도 메피스토 자신은 그렇게 생각했다.

하늘에 다다르자 조그맣고 하얀 날개를 단 천사들이 몰려 있는 게 보였다. 그리고 그 사이로 대천사인 라파엘, 미하엘, 가브리엘이 있었다. 대천사들은 신의 위대함과 신이 베푼 아름다움, 장엄함을 찬양하고 있었다. 신의 은혜에 감동한 천사들이 두 손을 모으고 빛을 향해 고개를 들거나 노래를 부르기도 했다. 메피스토는 각오는 했지만, 기분이 언짢고 몸이 근질거리면서 화가 났다.

'으…… 저 조무래기 천사들. 볼 때마다 얄미워. 언젠가 너희들 날개를 똑똑 분질러 주고 말 테다. 두고 봐라. 저 노랫소리는 언제 들어도 구역질이 나는군.'

속으로는 독사 같은 이빨을 으드득 갈면서도 그는 나긋나긋한 목소리로 아양을 떨기 시작했다. 물론 그게 모두 거짓이라는 걸 대천사들은 알고 있었다.

"오, 신께서 늘 굽어살펴 주셔서 그 은혜가 저와 같은 악마에게까지 미치지요. 물론 제가 아무리 신을 공경해도 천사들은 비웃겠지만요."

그들의 머리 위로 신의 목소리가 들렸다.

"내게 그 말을 하러 온 건 아닐 텐데, 메피스토. 어쩐 일이냐."

"에헤헤, 아닙니다. 그저 신께 오랜만에 인사도 드리고 감사를 드리려고 왔습죠. 아, 그런데 신께서 그리 말씀하시니 갑자기 생각난 게 있습니다요. 방금 천사들이 찬양한 것처럼 신께서는 세상을 빛으로 채우셨지요. 그럼 뭐합니까. 그 세상을 인간이라는 더럽고 야비한 족속들이 지옥보다 더 끔찍한 곳으로 만들었으니. 쯧쯧쯧. 모두 지옥의 불길이나 끓는 가마솥에 넣어도 아까운 것들입니다요."

"그걸 알려 주고 싶은 게냐?"

"아, 이건 그냥 보고 차원에서 드리는 말씀이고요. 신이시여, 제 말을 한 번 더 들어주시옵소서. 파우스트 박사라는 인간을 기억하시는지요? 온갖 지식을 다 갖고도 세상의 진실을 깨닫지 못했다고 좌절하고는 죽으려 했던 녀석 말입니다. 그 순간 제가 나타나 살렸던 녀석 말입니다. 그 녀석 소원을 들어주느라 한때 제 머리가 천사 날개처럼 하얘질 뻔하지 않았습니까.”

“그만 얘기해라. 몹시 시끄럽구나. 기억하고 있느니라. 나의 종이었던 파우스트 박사를.”

“그때 제가 그가 원하는 대로 세상을 알게 해 주고 ‘멈추어라, 순간이여. 참 아름답구나!’ 하고 말하면 그의 영혼을 제가 가지기로 했습죠. 신께서도 허락한 일이고요. 지상에 그가 있는 동안 제 마음대로 하라고 그러셨잖아요. 어떤 한순간이라도 욕망에 만족하고 그 순간에 머무르고 싶다면 더 발전도 없고 그저 멈춰 버린 거지요. 그러면 그런 영혼은 신께 필요도 없을 테지요. 아, 제가 녀석과 그레트헨을 만나게 하고 사랑하게 해 주고, 중세 궁전으로도 데려가고, 고대 그리스의 헬레네도 만나서 아들까지 낳게 해 주었습죠. 뭐, 그레트헨과 헬레네와 아들 오이포리온이 어떻게 됐는지는 다른 문제고요. 저의 노력으로 결국 파우스트가 ‘멈추어라, 순간이여. 참 아름답구나!’라고 외쳤죠.”

인내심이 강한 천사들조차 메피스토의 횡설수설엔 화를 참기 어려웠다. 그렇다고 악마를 상대로 신 앞에서 화를 내기도 어려웠다.

"그래, 인간은 노력하는 동안 방황하기 마련이지."

"그 말씀이 아닙죠. 그 인간이 제 덕택에 백 살까지 온갖 경험을 하고 죽으면서 그 말을 외쳤잖아요. 그럼 제가 영혼을 차지하는 게 당연한데, 계약서도 파우스트랑 쓰고 신과 약속했는데 그렇게 안 됐잖아요. 파우스트 박사가 '멈추어라, 순간이여. 참 아름답구나!' 이렇게 분명히 외쳤는데요. 여기 계신 대천사님들, 아기 천사님들도 모두 들으셨죠? 분명히 같이 들었잖아요."

신 앞에서 이 정도 투덜거림에 반항을 하면 대천사라도 주먹을 부르르 떠는 게 당연했다. 라파엘, 미하엘, 가브리엘은 한 번만 더 참아 보기로 하며 주먹이 나가지 않도록 두 손을 꼭 맞잡고 서 있었다. 언젠가는 손을 봐 줘야지 다짐하면서. 이런 분위기에 아랑곳하지 않고 메피스토는 새빨갛게 번들거리는 악마의 혀를 계속 놀려 댔다. 대천사들이 오히려 분노를 참지 못하고 자신을 한 대 쳤으면 좋겠다고 생각했다. 악마의 혀에 놀아나는 대천사라, 정말 짜릿하지 않은가. 좀 더 화를 북돋우고 싶었다. 불쾌하기 짝이 없는 하늘에 온 목적이 천사들을 곯려 먹는 건 아니었지만, 보너스라고나 할까? 천사 한둘이 악마의 선동질에 폭력과 비난, 살의를 느껴 타락하게 된다면 얼마나 달콤하고 즐거울 것인가. 메피스토는 점점 더 신이 났다.

"물론 신께서 결정하신 일에 제가 어떻게 토를 달겠습니까. 그래도 말입니다. 한편으로 소인은 참 억울했습니다. 어처구니도 없고요.

제가 약속대로 파우스트를 데려가려는 순간 천사들 떼거리를 보내셨 잖아요. 오, 신이시여! 지옥의 입구가 열리고 있는 순간이었는뎁쇼. 제게 너무 심하셨습니다. 사실 인간은 정말 별 가치 없는 동물입죠. 신께서 주신 능력을 아주 동물적으로 사용하는 것들입니다. 동물보 다 하찮고 더 비열하고 이기적이지요. 신께서 도와줄 가치가 없는 것 들이란 말입니다요."

메피스토는 쇠 긁는 목소리로 끝없이 불평만 늘어놓았다. 신이 아니라면 누구도 견딜 수 없는 투덜거림이었다.

"그게 다냐? 나를 섬기는 파우스트 박사를 네 맘대로 해 보라고 하긴 했지. 그래도 선한 인간은 올바른 길을 잃지 않는다. 혼란과 고 민을 겪으면 좀 어떠냐. 불완전하지만 언젠가는 그 불완전함을 극복 할 것이니라."

"아니, 그게 아니고요! 신께선 약속을 어기셨다고요! 사실 신께 선 저와의 내기에서 지신 거죠. 그런데 파우스트의 영혼을 천사들이 가로채서 뭐라 그랬는지 아시죠? 저 하얀 꼬맹이들이 '영혼의 세계 에서 악으로부터 구원받았노라. 언제나 끊임없이 노력하는 자, 우리 의 구원을 받으리라.' 이러면서 말이죠. 하늘뿐 아니라 저 지옥 바닥 까지 들썩거릴 정도로 만세도 부르고요. 정말 불쾌했습니다요. 그래 도 뭐, 제가 참죠. 신의 뜻이 그러하다면요."

메피스토는 신과 천사들에게 빨리 빚을 갚으라고 윽박지르는 빚쟁이처럼 굴었다. 천사들의 날개조차 분노로 파르르 떨렸다. 어떤 천사의 날개는 울분에 너무 심하게 떨려 날갯털 몇 개가 빠져 날아다니기도 했다. 그러고 보면 문수와 박은오 박사가 자신들의 속마음을 털어놓는 대화를 할 수 있었던 건 순전히 메피스토 덕이었다. 그가 간만에 실험실에 없었기에 가능한 분위기였으니까 말이다.

"사실 그뿐만 아닙죠. 그레트헨이 얼마나 큰 죄인입니까. 그러니까 법에 따라서 감옥에 갇히고 사형당한 거 아닙니까. 그런데도 그 여자도 구원해 주셨잖아요. 정말 너무 억울하고 분합니다요. 부당하고요. 이건 정의가 아니잖아요. 약속을 지켜야 한다고 신께서는 늘 말씀하지 않으셨습니까?"

"그레트헨도 파우스트도 천사들이 온 누리에 꽃을 뿌리며 반갑게 맞이하고 노래 부른 것도 알고 있느니라. 그런데 메피스토, 너는 그 말을 하러 온 것이냐?"

"아, 용건이 있습니다. 제가 신께 지난번 이야기를 드린 건 이번엔 제대로 좀 해 주셨으면 하고요."

그는 지린내 나는 외투 자락을 펼쳐 꾸깃꾸깃 접힌 종이 한 장을 펼쳐 보였다. 박은오 박사와 문수와의 계약서였다.

"자, 자, 천사님들, 잘 보이십니까? 눈을 크게 뜨고 증인이 되어 주세요. 지난번 파우스트 박사의 영혼은 제가 십분 양보한 거로 하고, 이번 계약은 반드시 지켜 주십시오. 크크크. 호문쿨루스가 인간이 되도록 제가 최선을 다하고 있거든요. 그가 인간이 되면 그의 영혼을 제가 갖도록 하겠습니다. 아름답게 불타는 지옥에서 함께 있도록 해 주십쇼. 물론 신께선 이미 알고 계시겠지만요. 위대하신 신께서 호문쿨루스 일까지 관여하실 필요는 없습죠. 우히히히."

"네 능력껏 해 보아라. 마음대로 하거라. 인간이라는 게 일을 하다 보면 금세 지쳐서 당장 쉬고 싶어 하기도 하지. 파우스트도 그랬고 네가 지금 내민 계약서의 박은오라는 자도 그렇지. 호문쿨루스도 인간이 되려는 과정이니 그리 방황하는 것이니라. 그 방황하는 길에 너 같은 악마를 친구로 삼아 주는 것도 나쁘지 않으리라. 그래도 너는 스스로 부끄러운 줄 알거라."

"이 계약서에 신께서 동의하신다는 말로 알겠습니다요. 이번엔 약속 지키십시오. 저 같은 악마도 하찮게 보지 않으시고 말을 나누어 주시니 영광일 뿐입니다요."

이 말은 비록 악마가 한 말이지만 맞는 말이었다. 개방정을 떨며 천사들을 분노케 했는데도 신은 메피스토를 그냥 두었다. 신의 말이 끝나자 하늘이 닫혔다. 대천사 라파엘, 미하엘, 가브리엘이 신을 따라 들어갔고 뒤를 이어 깊은 한숨을 쉬던 작은 천사들도 날개를 파닥이며 따라갔다.

메피스토는 지상으로 돌아와 잔뜩 부푼 기분으로 박사의 실험실에 들어왔다. 그동안 신에게 가졌던 불만과 스트레스가 조금은 사라진 느낌이었다. 하긴 악마가 신을 앞에 두고 하늘에서 혼자 떠들어 댔으니 그럴 만도 했다. 예전에 당연히 차지했어야 할 파우스트 박사의 영혼을 차지하지 못한 울분을 박은오든 문수든 둘 다든 반드시 이들을 통해 풀리라 결심하며 계약서를 외투 안쪽 깊숙이 넣었다.

그런데 문제 하나를 해결하면 다른 문제 하나가 터진다는 건 인간들 삶에서만 있는 게 아니었나 보다. 악마에게도 마찬가지인 진리였다. 그는 실험실 분위기가 달라졌다는 걸 들어서자마자 느낄 수 있었다. 그것도 악마에게 아주 불쾌하고 불리하게 말이다. 다시 말하면 무너지는 박사의 집은 온화함과 믿음, 평화와 사랑으로 가득 차 있었다. 기껏 천사들을 붉으락푸르락 만들고 왔더니 여기가 왜 이 꼴이 됐는지 메피스토는 이해할 수 없었다.

박은오 박사의 연구 결과도 그다지 좋지 않고 문수는 인간적인 것들을 갖추어 가고 있긴 했지만 더는 몸이 견딜지 아무도 확신할 수 없는 상태였다. 잘되어 봤자 영혼은 악마의 것이 될 텐데 왜 초조해 하지 않는 걸까? 불안과 서로에 대한 불신, 악담과 원망으로 가득 차 있어야 하는 게 당연했다. 서로 물건을 던지고 그래서 유리관이 깨져 있고 어두운 얼굴로 바닥에 쪼그리고 있는 문수와 박사를 기대했는데 말이다. 악마의 머리와 영혼으론 실험실의 분위기를 도저히 이해할 수 없었다.

"야, 호문쿨루스, 너 파우스트 박사 알지? 인간 주제에 세상의 진리를 다 깨닫고 싶어서 나랑 계약했던 사람. 너와는 조금 다른 이유지만 너와 비슷한 모험을 내가 안내했던 사람 말이야."

"새삼스럽게 왜? 본론을 말해. 수줍음 타는 성격도 아니잖아."

악마가 모두가 알고 있는 걸 다시 말한다는 건 분명 시키면 꿍꿍이가 도사리고 있다는 뜻이다. 메피스토 처지에서도 이렇게 나와 주는 게 편하긴 했다.

"이번엔 파우스트를 만나 볼까?"

그때까지 문수와 메피스토의 대화를 잠자코 듣고만 있던 박사가 그들 곁으로 다가왔다. 쉽게 결정할 문제가 아닌 것 같았다. 박사가 악마에게 말했다.

"무슨 패키지여행 가이드처럼 말하는군. 왜 그를 만나야 하지? 게다가 그는 네가 지배하는 지옥이 아니라 천상에 있잖아. 물론 천상과 지옥이라는 게 있다면 말이지."

"아, 내가 신과도 잘 아는 사이잖아. 그의 영혼을 만나는 것쯤이야. 혹시 그가 세상의 진리를 알려 주면 문수가 쉽게 인간이 될 수도 있잖아."

박사와 문수는 한참 생각에 잠겼다. 파우스트 박사가 메피스토와 함께 세상을 알 수 있는 모든 경험을 한 걸 알고 있었다. 지금까지도 파우스트의 뒤를 밟듯이 메피스토와 여행을 하며 힘들지만 많은 걸 얻은 것도 사실이었다. 그러나 박사와 문수는 이제 안달하거나 매달리거나 필사적이 되진 않았다. 포기한 것과는 달랐다. 둘이 함께 평온하고 자연스럽게 지냈으면, 무엇보다 문수의 몸이 좀 더 안전했으면 하는 바람이 먼저였다.

문수가 툭 말을 건넸다.

"괴테를 만나자."

"응?"

"뭐? 괴테?"

"그래, 요한 볼프강 폰 괴테, 파우스트 박사의 이야기를 평생 동안 썼다는 괴테!"

문수와 괴테의 대화

박은오 박사도 메피스토도 조금은 의외였다. 문수가 문학에 관심이 있을 줄이야. 물론 《파우스트》를 쓰고 메피스토에 대해서도 잘 알고 있을 뿐 아니라 과학까지 연구한 유명한 인물이니 만나는 게 나쁘진 않겠지만, 과연 호문쿨루스에게 어떤 도움이 될까 싶었다.

"흐흐흐. 모든 걸 포기하는 것도 좋긴 해. 그런 의미에서 마지막으로 호문쿨루스로서의 감정을 시로 담아 보는 것도 좋군. 괴테에게 잘 배워 봐. 혹시 아니? 호문쿨루스 문학의 선구자가 될지. 앞으로 나올 로봇들의 괴테가 될 수도 있겠군. 으하하하."

"악마야, 까불지 말고 가자. 내겐 시간이 많지 않아. 넌 지옥의 구덩이에 있을 시간이 많이 있겠지만. 엄마, 졸지 말고 연구해. 이번에도 잘 안 되면 차라리 나랑 같이 소설 쓰자. 내가 잘 배워 올게."

문수는 창백한 얼굴로 유리관을 열고 나왔다. 언제나처럼 차갑고 비아냥거리는 듯한 말투였지만 그의 목소리엔 진지함과 동시에 성숙함이 묻어 있었다. 문수는 많이 자라 있었다. 정신적으로 그리고 인간적으로.

"무슨 속셈인 게야?"

퉁퉁거리며 악마가 말했다.

"넌 궁금하지도 않니? 인간은 노력하는 한 방황한다고 썼다며? 신이 그랬다며? 노력하는 인간은 선한 길을 찾고 선한 인간은 올바른 길을 잃지 않는다며?"

"악! 신이 한 그 재미없는 말 내 앞에서 반복하지 마!"

"인간은 그렇다 치고 인간이 되고 싶어 죽겠는 호문쿨루스에게 과연 올바른 길이란 게 뭔지 궁금해."

"쳇! 그래 가자, 가. 괴테의 혼령이야 쉽게 만나게 해 주지. 지금의 네 상태라면 괴테 혼령과 얘기하면서 죽지나 않으면 다행이지. 그러지 마. 인간이 되고 나서 죽으라고. 나의 노력을 봐서라도."

그때 갑자기 박사가 허름한 외투를 챙겨 입으며 말했다.

"나도 데려가."

"엄마도? 연구 안 할 거야? 나 안 살릴 거야?"

"아니, 이건 또 무슨 상황이야? 박사는 덩달아 왜 그래? 괴테 책 읽고 싶으면 도서관에서 읽어. 그가 어떻게 생겼는지 궁금하면 인터넷에서 찾아봐. 이게 무슨 단체 관광도 아니고."

박사는 이미 아무것도 훔쳐 갈 것 없는 실험실 열쇠를 챙기고 있었다.

"연구하러 가는 거야. 그리고 악마는 조용히 해. 넌 내 영혼을 가져갈 생각도 있잖아. 여차하면 말이지. 그러니 나도 가 봐야겠어."

"그래, 미리 죽은 혼령을 만나는 것도 나쁘진 않겠다. 자, 다 같이 가자고."

그들은 고약한 냄새가 나는 악마의 펄럭이는 외투를 따라 혼령들의 세계에 도착했다. 매우 조용하고 따스한 기운이 퍼져 있었다. 태양은 보이지 않았지만 빛이 가득했다.

"미리 말해 두지만 모든 혼령이 이런 곳에 배치되진 않아. 나름 괴테는 많은 일을 한 자이고 신과의 관계도 좋았지. 알겠지만 내가 신 때문에 놓친 파우스트 박사의 영혼에 대해 신의 편에서 썼기 때문에 난 그를 미워해. 아주 많이."

저승이라기보다는 한적한 마을 같았다. 풀도 있었고 새들도 날아다녔다. 꽃도 있었고 멀리 집도 보였다. 혼령들은 보이지 않았다.

"이런 데 이사 오면 좋겠군. 그러면 저절로 문수의 건강이 좋아질 것도 같아."

"쓸데없는 소리. 여긴 괴테만을 위한 공간이야. 이곳엔 그밖에 없어. 어디 보자. 지금쯤 그 보기 싫은 노인이 어디에 있을꼬."

"저기, 나무 밑에 누군가 앉아 있네. 괴테밖에 없는 곳이라면 저 사람 아닐까?"

그들은 천천히 커다랗고 푸른 나무를 향해 걸어갔다. 어느 노인이 앉아 책을 보고 있었다. 그들이 시끄럽게 떠들어 대며 다가가는데도 노인은 책에만 열중해 있었다. 그러다 한참 만에 기척을 느끼고 고개를 들었다.

그의 얼굴은 주름살이 가득했지만 풍부한 표정이 넘치는 주름살이었다. 그리고 그 사이사이로 성실과 고요가 깃들어 있었다. 그러면서도 힘과 밝은 기운이 넘쳤다. 마치 늙은 왕을 보는 듯했다. 괴테가 말했다.

"날 보러 온 거냐, 메피스토? 곁에는 누구신지…… 악마의 친구들인가?"

그는 말은 그렇게 했지만 별로 경계하는 낯이 아니었다.

"그러니까 저는 아직 살아 있긴 한데 박은오라고 합니다. 가난한 과학자예요. 얘는 제 아들 문수고요. 호문쿨루스이지요. 지금 인간이 되어 가고 있는 것 같긴 하지만 그 전에 너무 몸이 안 좋아져서 걱정이랍니다."

박사는 갑자기 아픈 아들을 데리고 병원에 온 아줌마 같은 어투로 말했다. 그녀는 괴테가 놀라지나 않을까, 또는 메피스토와 같은 악마로 자신들을 오해할까 봐 걱정이 되었다.

"하하하, 내가 당신의 고민을 들어 줄 수 있지만 해결해 줄 수 있을지는 모르겠소."

괴테는 책을 덮고 자리에서 일어났다. 그는 상냥하면서도 꾸밈이 없어 보였다. 세계적으로 유명한 사람이라는 생각이 들지 않을 정도였다. 그리고 나이가 매우 많았지만 자유롭고 젠체하지 않았다.

"이 악마와 내게로 여행을 온 모양인데……."

"사실 여러 곳과 여러 시대를 여행했어요. 할아버지가 쓴 파우스트 박사처럼 말이에요. 그와 목적은 조금 다를 수 있지만요. 호문쿨루스라는 조건 때문에 난 만들어졌을 때부터 인간이 되고 싶었거든요. 인간이 무엇인지, 왜 내가 인간이 되어야 하는지 찾고 싶었어요. 만약 인간이란 것이 가치 없는 것이라면 어떻게 할까 고민도 했고요."

"내가 알고 있는 호문쿨루스와는 다르군. 인간의 모습 그대로인데. 그래도 예전 내가 알던 호문쿨루스처럼 똘똘하구나. 사실 여행이란 하는 동안 무엇을 봐야 할지 알고 있어야 하지. 그리고 여행에서 자신에게 무엇이 중요한지도 알고 있어야 한다네. 그 점에서 너는 참 의미 있는 여행을 했구나. 악마와 같이 다닌다는 건 참 위험하지만 어떤 사정인지 대충 알겠다. 절망했겠지. 너도, 저 박사도 말이야."

"맞아요. 저희에겐 사실 다른 방법이 전혀 없을 때였어요."

박은오 박사는 그 당시가 생각나서인지 조금 울먹거렸다.

"이해가 되네. 그래도 결코 다른 사람의 요구에 마구 휘둘려서는 안 돼. 특히 악마라면 말이야. 항상 자기 뜻에 따라야만 해."

괴테는 차분하게 자신의 가슴을 가리키며 말을 이어 갔다.

"자신의 마음에서 솟구쳐 오르는 걸 진실하게 따라야 하는 거지."

"휴…… 할아버지. 말씀드렸다시피 난 인간이 아니라 마음이 없어요. 솟구쳐 오르는 걸 몇 번의 모험에서 겪기는 했지만 그건 할아버지가 말하는 것과는 다른 것 같아요."

"마음이 없는데 어떻게 걱정이 있지?"

"어? 그건…… 그렇긴 하네요."

"걱정은 어떤 의미에서 보면 현명함과 같은 거란다. 비록 아주 적극적인 현명함은 아니지만, 좀 소극적이고 수동적이긴 해도 걱정을 한다는 건 현명함이란다. 생각을 하고 일을 잘 풀기 위한 게 걱정이잖니. 어렵니? 아무튼 중요한 건 멍청한 사람에겐 걱정이 없어."

괴테가 지긋이 웃었다. 그의 미소에 따라 문수는 마음이 편안해지고 유쾌해졌다. 박사도 오랜만에 위안을 얻었다. 늘 문수에게 미안하고 자신의 무능력을 자책하기만 했는데.

물론 여기에서 모두가 평화롭고 유쾌한 건 아니었다. 메피스토는 팔짱을 끼고 이들을 못마땅하게 바라보았다.

'쳇, 이 영감이 악마처럼 음침했던 두 사람을 밝게 만들고 있잖아. 흥! 역시 영원히 마음에 안 들어. 악마의 분위기를 다 망치고 있군. 이래서 난 문학이란 게 싫어.'

"여기서 이럴 게 아니군. 내 서재로 가자꾸나."

괴테는 오랜만에 인간들, 아니 한 명의 인간과 자신의 작품에도 나왔던 악마와 호문쿨루스를 만나 반가웠다. 그리고 조금이라도 자신이 도움이 될 수 있기를 바랐다. 괴테의 뒤를 따라갈 때였다. 박사가 문수의 옆구리를 치더니 속삭였다.

"야, 할아버지가 뭐야, 할아버지가. 대문학가 선생님한테 말이야. 참, 문학뿐이 아니지. 자연 과학 연구가로도 이름이 높은 분이셔."

"할아버지를 보고 할아버지라고 하지 뭐라 그래?"

문수의 큰 목소리에 박사의 얼굴이 붉어졌다. 괴테는 뒷짐을 지고 걸어가다가 뒤를 돌아보고 쾌활하게 웃었다.

"그때나 지금이나 호문쿨루스는 똑똑하군. 하하하. 아니 정말 인간보다 똑똑하고 명석하군. 이렇게 멋진 아이를 당신이 만들었단 말이오? 할아버지라고 부르지 않으면 괴테 군이나 괴테 씨라고 부르겠소? 아니면 내 이름인 요한으로 부르는 건 어떻소?"

모두 다 웃음을 터뜨렸고 메피스토는 눈살을 찌푸렸다. 악마에게 즐거움의 웃음이란 인간으로 치면 고통의 비명과 다를 바 없지 않겠는가. 상황은 악마에게 점점 더 불쾌하게 되어 갔다. 그럴 줄 예상하긴 했지만 예상보다 훨씬 나빴다.

괴테의 서재는 부드럽고 평온했다. 책과 서류가 가득했지만 소박하고 깔끔했다. 여기저기 지도와 돌, 연극 포스터가 보였고 색상표가 붙어 있기도 했다. 박사의 실험실처럼 실험 도구도 보였다. 커다란 책상은 낡았지만 그래서 더욱 기품이 있어 보였다. 무언가를 쓰다가 산책을 나선 것처럼 보였다. 오래된 잉크병이 열려 있었고 깃털펜이 책 위에 놓여 있었다.

"여기가 할아버지 서재군요. 세계적으로 유명한 분의 서재라서 굉장히 기대했는데……. 화려하고 커다랗고 웅장할 줄 알았는데 전혀 그렇지 않네요. 살아 있을 때도 굉장히 유명하지 않았어요? 듣기로는 여기저기서 할아버지를 만나려고 찾아와 줄을 섰다고 하던데 아닌가요?"

"그러니? 네 말대로 내가 유명하고 높은 지위를 얻기도 했지. 많은 사람이 부러워하기도 했어. 그런데 명성과 지위로 할 수 있는 일은 다른 사람의 마음에 상처를 주지 않기 위해 그들의 말에 침묵하는 것뿐이란다. 명성과 지위를 이용해서 자신의 이익을 채우려 하는 건 모두 쓸모없는 짓이지. 난 명성과 지위로 많은 사람을 만날 수 있었던 게 가장 큰 이익이었단다. 덕분에 다른 사람의 사고방식을 알게 되고, 다른 사람은 내 생각을 모르게 된다는 점에서 득을 봤지. 하하하. 하긴 그마저 없었다면 사실 너무 재미없는 삶이었을 게야."

서재에 편안하게 자리를 잡은 그들의 웃음은 점점 더 횟수가 늘어 갔고 웃음소리도 더 커졌다. 그러면서도 진지하고 진실했다. 괴테는 겸손하고 지혜로웠다. 세상의 이치를 깊이 이해하고 있었다. 그래서 박사는 문수와 메피스토 앞이었지만 현재의 고통과 최악의 상황들을 편안하게 이야기할 수 있었다. 그 중엔 문수와 관련된 것이 가장 컸지만, 박사 자신의 고민도 있었다. 자신은 제대로 된 엄마도 아니었고 제대로 된 과학자도 아니었다는 것이다. 사람들의 인정을 받기 위해 문수를 만들었고, 인정을 받지 못해 분노에 들끓었다고 했다. 지금 웃고는 있지만 사실 모든 것이 최악이라고 말했다.

"박은오 박사, 당신이 얼마나 뛰어난 과학자인지는 문수만 봐도 알 수 있소. 그러나 이런 칭찬을 바라는 건 아니겠지. 지금 모든 게 나쁘다는 건 메피스토와 함께 나를 찾아온 것만 봐도 알고. 악마와 같이 죽은 혼령을 찾아올 만큼 절박한 게지. 그만큼 문수에 대한 애정도 깊다는 증거고, 그 사랑을 받는 문수는 호문쿨루스가 아닌 이미 인간이오. 아니 인간 이상이라는 증거고."

다시 한번 문수와 박사의 마음은 빛과 따스함으로 가득했고 메피스토는 구역질이 났다.

'이것들이 지금 여기가 무슨 인생 상담소인 줄 아나? 진짜 인간이 되라고! 그리고 빨리 내게 영혼을 줘! 아니면 말든지. 뭐? 문수가 이미 인간이라고? 그럼 지금 당장 내가 영혼을 가져가면 되겠네. 흥!'

괴테는 메피스토의 화난 표정을 무시하고 얘기를 이어 갔다.

"그런데 나쁜 것을 나쁘다고 해 봤자 무슨 이익이 있겠나? 그리고 좋은 것을 나쁘다고 하면 그건 더욱 나쁜 일이 되고 말지."

"저…… 나쁜 일이 한 가지 더 있어요. 저는 선생님의 《파우스트》를 제대로 읽지 못했어요. 대충 알고는 있지만요. 죄송합니다. 이렇게 실례를 저지를 줄 몰랐어요. 문수가 갑자기 선생님을 뵙겠다고 해서 애에게도 데이터를 모두 입력하지 못했고요. 저희가 멍청한 말을 하더라도 용서해 주세요. 나중에 꼭 모두 읽겠습니다. 그래도 이해를 할까 싶네요. 워낙 제가 뭐 하나 분별도 못 하는 사람이라서요."

박사는 얼굴을 붉히며 머리를 푹 숙였다. 괴테는 전혀 신경 쓰지 않았다. 오히려 박사가 자신의 직업인 실험과 연구에만 몰두한 것이 멋있다고 했다.

"가장 분별 있는 행동이 뭔지 아는가? 언제나 자기가 배워서 익힌 일에 힘쓰는 것이라네. 구두장이는 언제나 자기의 구두 앞에 있으면 되고 농부는 쟁기 뒤에 있으면 돼. 박사는 실험실에 있으면 되고. 오히려 너무 오래 거기에만 있어 가끔 산책이라도 하라고 권해 주고 싶군. 자네들이 파우스트 박사의 모험을 해 봤다고 했지? 그 역시 분별 있는 행동을 한 거지. 인간으로서 최고의 진실에 닿고 싶어 하고 그렇게 노력한 건 당연한 거야. 그러니 신에게 구원을 받지 않았겠는가."

여기에서 폭발하지 않으면 악마가 아닐지 모른다. 메피스토는 지금 누구와 함께 이 자리에 있는지 확인시켜 줄 필요가 있었다. 메피스토가 검은 머리털을 곤두세우며 소리쳤다.

"내 앞에서 구원이란 소리 다시는 하지 마쇼! 그러잖아도 잔뜩 참고 있는데. 파우스트는 분명히 그 순간에 모든 걸 만족하고 더 노력하지 않기로 했단 말이오. '멈추어라, 순간이여!'라고 한 걸 다 알면서. 다 이긴 내기를 잃어버린 악마의 분노를 보고 싶지 않으면 더는 구원이란 말 하지 마쇼! 닭 쫓던 개 지붕 쳐다본 격이 된 악마가 불쌍하지도 않소. 특히 괴테, 그걸 떡하니 써 놓은 당신이 얼마나 뻔뻔했는지 반성하지는 않고 말이오."

폭발한 메피스토는 짜증에 이어 넋두리를 늘어놓았다.

"펄펄 끓는 지옥 불에서 고통받는 것들을 보고 싶어. 서로 헐뜯고 모함하고 죄를 뒤집어씌우고 도둑질하는 장면이 그립구나. 여긴 악마에겐 너무나 지독한 곳이야. 이런 곳에 오는 게 아니었어. 술과 마녀의 빗자루와 썩은 마법 솥 냄새. 아, 그립다. 폭력과 독재, 전쟁과 가난, 미치광이와 사기꾼, 싸움과 질투, 그 많은 악덕 중 아무것도 없는 곳이라니, 아……."

"음…… 제가 저 악마를 잘 알고 있는데 신경 쓰지 않아도 돼요."

문수가 어깨를 으쓱거리며 말했다.

"나 역시 저 악마를 잘 알고 있지. 60년 넘게 《파우스트》를 썼으니 말이야. 허허허. 메피스토가 고향인 지옥으로 돌아가고 싶어 안달이군. 근데 문수는 고향이 어디지?"

"할아버지, 너무한 거 아니에요? 호문쿨루스가 무슨 고향이 있겠어요? 군이 말하라면 실험실 유리관이겠지요."

"그러냐? 그럼 질문을 조금 바꿔 볼까? 네가 언제나 돌아가고 싶은 곳은 있니?"

"음…… 난 메피스토와 여행하기 전까지 작은 동네를 벗어난 적이 없어요. 그런데 악마와 그 많은 곳을 모두 돌아다닌 지금도 그 동네에 언제나 돌아가고 싶어요. 엄마는 청소도 안 하고 집은 무너졌고 촌스러운 동네이지만요. 엄마의 실험 기구 소리가 들리고 엄마랑 투닥거리고 유리관에서 잠들기 전에 엄마가 읽어 주는 옛날이야기가 있는 곳이라면 사실 그 동네가 아니어도 상관없고요."

"그래, 그거야. 아주 즐거운 관계가 있는 그 모든 걸 난 고향이라고 부르지. 언제나 돌아가고 싶은 곳이 고향이야. 그러니 네게도 고향이 있는 거구나."

괴테의 말을 듣고 있으니 유리관 속에서 아늑하고 달콤하게 잠들 때의 행복감이 떠올랐다. 좀 더 구체적으로 말하면 가장 잘 만들어진 프로그램으로 재생되고 있는 느낌이었다. 그저 좋은 말을 능청스럽게 늘어놓거나 듣기 좋은 말로는 불가능할 것이다. 괴테는 최선을 다해 자신의 마음을 들여다보고 상대방의 마음을 들여다봤다. 그리고 그 마음의 상처를 치유하는 법을 최선을 다해 찾아냈다.

"훌륭한 충고 감사해요."

"그렇게 말해 주니 고맙구나. 그런데 사실 난 너희에게 충고를 하는 건 아냐. 그냥 너희와 즐겁게 대화를 나누고 싶은 거지. 또 충고라는 걸 좋아하지도 않고. 충고라는 것은 아주 묘하거든. 세상에 살다 보면 깊이 생각해서 실행에 옮겨도 실패하는 때가 있지. 그런가 하면 어처구니없는 일이 성공하는 때도 있고 말이야. 그러니까 조금이라도 이런 세상의 이치를 생각해 본 사람이라면 함부로 충고는 하지 않을 거야. 부탁한 사람은 앞을 내다보지 못한 게 되잖아. 충고하는 사람도 주제넘게 되고 말이야. 충고하려면 자기 자신도 함께 도울 수 있는 일에 한해서 하는 게 좋거든."

쉽게 이해할 순 없었지만, 어렴풋이 세상의 일들을 알아 가고 있다는 생각이 들었다. 그의 말 속엔 지식과 진심만 들어 있는 게 아니라 진리라고 부를 수 있는 것, 세상의 순리와 이치라고 부를 수 있는 것이 들어 있었다. 박사도 깊은 감명을 받았다. 궁금한 것이 잔뜩 있었지만, 문수가 하도 질문을 많이 해 대서 기회가 없었다. 마침 문수가 생각에 잠겨 있는 틈을 타서 박사는 괴테에게 물었다.

"어떻게 선생님은 60년 동안 꾸준하게 《파우스트》를 쓸 수가 있었어요? 제가 아무리 실험광이라고 해도 그런 건 상상조차 못 하겠어요. 차라리 성을 짓거나 길을 만들라고 하면 수학적으로 고민하고 열심히 짓기만 하면 되잖아요. 그리고 자신이 얼마만큼 하고 있는지 눈앞에서 바로 확인도 할 수 있으니까요. 저는 글을 써 보진 않았지만, 창작이란 건 벽돌 쌓기와는 다르잖아요."

"글쎄…… 다만 중요한 건 뜻을 높게 세우고 그걸 실행할 재능과 끈기를 발휘하는 거 아닐까? 인간이란 이 세상의 문제들을 해결하기 위해 태어난 건 아니야. 문제의 시작이 어디에 있는지 찾는 거지. 나 역시 그냥 그랬던 것뿐이라네."

60년, 아니 평생을 하나의 작품을 완성하기 위해 애쓴 노력이나 열정과 비교하면 너무 담담하고 아무것도 아닌 일처럼 얘기했다.

"사실 지금도《파우스트》를 조금씩 고치고 있단다. 시간도 많이 흘렀고 시대도 변했으니까. 만약 내가 아직 지상에 살아 있다면 계속 더 고쳤을 거야. 당연한 얘기지. 지금 저 책상 위에 놓인 것이《파우스트》원고란다. 하하하."

이럴 때 마음에서 저절로 솟아나는 걸 아마 인간들은 '존경'이라는 말로 표현했을 것이다. 그는 평생 동안《파우스트》를 썼고 죽음이 다가오는 것을 느끼고 원고를 봉해 뒀지만, 죽기 일주일 전까지도 다시 원고를 펼쳐 고치고 또 고쳤다.

감탄의 순간을 깨고 박은오 박사가 학생처럼 손을 들며 입을 열었다. 그녀는 서재를 두리번거렸다.

"저, 선생님. 저는 선생님을 시인이자 소설가로 알았고 나중에 다른 여러 학문과 연구에도 몰두하신 건 알았지만 이 정도인 줄은 몰랐어요. 자연 과학 실험 도구가 꽤 많이 보이는걸요."

"역시 과학자의 눈엔 다른 게 보이는구려. 박사보다야 열정적으로 연구하진 못했지만, 만약 내가 자연 과학 연구를 하지 않았다면 어땠을까 생각해 본 적이 있지. 그랬으면 아마 나는 있는 그대로의 인간 모습을 결코 알지 못했을 거야. 자연은 언제나 진실하고 진지하며 엄격하고, 언제나 옳거든. 자연은 끝까지 노력하는 사람, 진실한 사람, 순수한 사람에게만 자신의 비밀을 드러내지. 그리고 자연에 관한 연구보다 더 큰 기쁨을 주는 것이 없기도 했어. 돌도 꽤 보일 거요. 이래 보여도 내가 광물학도 했다오. 내가 돌을 수집하느라고 그렇게 많은 시간을 쓰지 않았으면 다이아몬드 같은 아름다운 작품을 만들었을 텐데 말이오. 하하하. 식물과 색채 연구도 꽤 했다오. 해부학과 기상학 공부도 한때 열심히 했지. 하지만 그걸로 자연을 종합할 수 있는 이치를 깨닫진 못한 거 같아. 놀랄 일은 아니지만. 아마 참된 이치를 발견하는 것은 쉽게 되지 않을 거야. 미지의 땅으로 남겠지."

괴테는 문수에게로 몸을 돌렸다.

"문수야, 나도 네게 궁금한 것이 있구나."

"뭐든지 물어보세요."

"네 또래 사춘기 친구들은 엄마와 가족의 품으로부터 조금씩 정서적으로 독립하려고 하지. 그래서 엄마와 자주 싸우고 말도 안 듣고 친구들과 보내는 시간이 더 중요하잖아. 그런데 넌 싫어하다가 관심 없다가 다시 깊이 애정을 느끼는 대상이 박사밖에 없는 것 같구나. 친구는 없니? 악마와 너를 만든 박사 말고. 네가 호문쿨루스이기 때문이란 말은 하지 말고. 넌 계속 호문쿨루스로 있고 싶은 게 아니잖아. 그러니 인간으로서 대답을 해 보렴."

문수는 한참 생각할 필요도 없었다. 아무도 없었으니까. 잠시 침묵이 흐른 후 괴테는 낮고 부드러운 목소리로 말했다.

"역시 혼자구나. 사람이 혼자 있다는 건 좋은 일이 아니야. 최소한 네가 영원히 로봇이나 호문쿨루스로 남길 바라지 않는다면 말이다. 특히 혼자서 일을 한다는 건 좋지 않지. 일을 이루려면 다른 사람의 협력과 자극이 필요하거든. 그게 인간의 일이야. 나도 그랬어. 여러 시도 그랬고 너희가 모험을 떠난《파우스트》도 친구들이 이해해 주고 자극을 주고 빨리 써 보라고 재촉하지 않았으면 쓰지 못했지. 그런 의미에서《파우스트》는 나의 60년의 작품이 아니라 내 친구들의 60년 우정의 작품이란다. 문수가 이 점을 알았으면 해."

가슴 깊은 곳이 뜨거워지는 느낌이었다. 인간의 중요하고 아름다운 비밀을 알게 된 것 같았다.

"파우스트의 모험을 따라다녔다고 했지? 그는 마지막까지 노력했단다. 최선을 다해서. 사실 그 외의 것은 별다른 의미가 없어. 내가 그렇게 생각했기 때문에《파우스트》를 썼겠지만 말이야."

"할아버지는 파우스트 같아요. 영원히 노력하는 게."

괴테의 따스한 눈길을 느끼며 문수가 말했다.

문수와 예현이의 대화

괴테의 혼령과 헤어져 실험실로 돌아온 한 악마와 한 사람과 한 호문쿨루스는 각자 깊은 생각에 잠겼다. 문수는 호문쿨루스로서가 아니라 인간으로서 노력해야겠다고 생각했다. 자신이 지금 머물고 있는 호문쿨루스라는 상태가 아니라, 어디로 가야 할지와 어디로 가고 싶은지를 생각하기로 했다. 앞으로는 인간으로 느끼고 인간으로 행동하고 인간으로 생각하기로 했다. 그렇지 않으면 영원히 제자리에서 뛰는 것과 같을 것이라고 느꼈다.

박은오 박사는 그동안 자신이 한 가장 큰 실패는 연구가 아니었다고 생각했다. 절망, 짜증, 후회가 늘 가득했던 것이 가장 큰 실패였다고 느꼈다. 초조하고 불안하기만 했다. 그래서 문수를 고칠 생각만 했다. 문수가 자신의 길을 가는 동안 겪어야 하고 견뎌야 하는 걸 자기 자신이 막았는지도 몰랐다. 견디고 이겨 나갈 기회를 주지 못했다.

악마 메피스토는 어땠을까? 그는 너무 오랫동안 자신이 가장 싫어하는 것에 노출되어 있었다. 밝은 분위기와 인간의 노력하려는 의지는 그를 몸살과 두통에 시달리게 했다. 머리를 쥐어뜯고 가슴을 치며 다시는 괴테를 만나지 않겠다고 다짐하고 반성했다.

그러나 이러한 새로운 기운은 오래가지 못했다. 실험실의 세 생명체는 하루가 지나기도 전에 예전의 습관적인 생각과 행동으로 돌아갔다. 물론 그럼에도 불구하고 괴테와의 만남과 그가 들려준 말을 언제든 꺼내 쓸 수 있게 가슴에 잘 간직해 두긴 했다.

긍정적으로 희망을 놓지 않기로 한 자세 때문이었을까? 박사가 꼼꼼하게 다시 문수를 점검한 결과가 그다지 나쁘지 않았다. 이번엔 감정적으로나 육체적으로 큰 무리를 하지 않아서였을 것이다. 아니면 밝고 건강한 에너지를 많이 받아서일 것이다. 어쨌든 문수는 호문쿨루스로도 건강하고 인간으로 봐서도 굉장히 건강한 상태였다. 최근엔 문수와 박사, 그리고 메피스토까지도 인간과 호문쿨루스의 경계와 정의가 무엇인지 헷갈렸다. 또한 그것이 크게 중요하지 않았다.

문수는 오랜만에 학교에 가기로 했다. 어느 정도로 몸이 회복되었는지 가늠하기 위해서였다. 그뿐만 아니라 마을 사람들이 수군거리며 더러운 집에 이상한 아이의 더 이상한 엄마라는 소문이 돌고 있었기 때문에 가끔은 정상적으로 보이는 활동을 해야 했다. 예를 들면 문수는 학교에 가고, 박사는 시장에 가거나 세탁소에 가는 것 말이다.

너무 오랜만에 가는 학교라 똑똑한 호문쿨루스가 아니라면 길을 잃어버렸을 것이다. 주머니에 손을 넣고 터덜터덜 걸어가고 있었다. 뒤에서 빠른 걸음 소리가 들리고 곧이어 여자아이의 목소리가 들렸다.

"안녕? 정말 오랜만이다. 이제 아픈 거 다 나았어?"

예현이었다. 순간 문수는 메피스토가 놀려 대던 예현이의 카드가 떠올랐다. 마녀의 약물을 먹고 예현이와 사랑에 빠졌던 일도 떠올랐다.

"어머, 너 아직 열 있나 봐. 얼굴이 빨개."

문수의 가슴속에서 작은 새들이 콩콩 뛰노는 것 같았다. 조금 쑥스럽고 부끄러웠다. 당혹스럽다는 게 더 맞을 수도 있겠다. 파우스트의 모험 세계에서 만났던 예현이처럼 현실에서의 예현이도 순진하고 솔직했다. 예전 같으면 바보냐고 놀렸을 텐데. 아니, 그럴 생각조차 들지 않았을 거다. 분명 무시하고 지나쳤을 것이다.

"그런 거 아냐. 신경 쓰지 마."

쑥스러워 예현이를 쳐다보지 못했다. 마음과는 달리 말투가 참 무뚝뚝했다. 웃음이 나왔다. 이런 걸 애들이 영혼 없는 말투라고 한 거구나 싶었다.

"오늘 네가 학교 나올 줄 알았으면 좀 더 예쁘게 하고 오는 건데."

예현이는 머리카락을 만지작거리며 조심스레 말했다.

"아니, 지금도 예뻐."

'어라, 이건 무슨 말이지?'

문수나 예현이나 똑같은 생각이 든 건 마찬가지였다. 자신도 모르게 튀어 나간 말이 있긴 했지만 이런 말이 나간 적은 없었다. 듣고 있던 예현이도 당황스럽긴 마찬가지였다. 언제나 뭔가 불만에 가득 차 있는 문수가 다른 친구나 자신에게 관심을 보이는 말을 한 적이 과연 있었는지 기억을 더듬어 봤다. 역시 아무리 생각해도 그런 적이 없었다.

"응, 고마워……."

한참 어색한 분위기가 흘렀다. 아직 여름도 아닌데 문수는 갑자기 더워졌다. 무슨 말이든 해야 할 것 같았지만 아무 말도 떠오르지 않았다. 분위기를 바꾼 건 예현이었다.

"시, 시험공부 많이 했어?"

"시험? 오늘 시험 있는 날이니?"

"아니, 오늘은 아니고 내일이야. 너 빠진 동안 진도 많이 나갔어. 아, 물론 넌 늘 시험 잘 보잖아. 애들이 너 집에서 고액 과외 받는 거라고 하던데."

"과외? 하하하. 과외 받을 돈 있으면 깨진 창문이나 갈아 끼우겠다."

"어머, 이제 보니 너, 농담도 잘하는구나. 몰랐어. 하하하."

농담은 아니었다. 그래도 예현이가 즐겁게 웃는 걸 보니 기분이 좋아졌다.

"그럼 과외도 안 받고 수업도 잘 안 나오는데 어떻게 성적이 그렇게 좋니? 혼자 공부만 하는 거야?"

"그거야 간단하게 입력만 하면……."

"입력?"

그날 아침 문수는 자신이 완전히 잘못되어 있는 것 같았다. 뇌의 회로가 다 타 버리지 않았으면 이런 말을 뱉을 수 없었다.

"아, 그…… 그게 정리한 걸 노트북에 입력한다는 거야."

"역시 시험을 잘 보는 데는 비법이 있었군."

"내일 시험이라는 거지? 이번엔 너무 많이 빠졌어. 정리도 못 했고. 네가 좀 가르쳐 줄래?"

한 번 일어난 일은 두 번도 일어날 수 있다. 변화는 변화를 부른다. 어느 방향으로 틀었는지 확신할 순 없었다. 몹시 나쁜 것일 수도 있고 좋은 것일 수도 있다. 그러나 문수는 그게 무엇이든 자연스럽게 받아들이기로 했다. 괴테 할아버지가 그러지 않았는가. 나쁜 것을 나쁘다고 해 봤자 무슨 이익이 있냐고. 그리고 좋은 것을 나쁘다고 하면 그건 더욱 나쁜 일이 된다고. 그리고 고대 철학자인 아리스토텔레스가 그랬다. 모든 것을 가졌다 해도 친구가 없다면 아무도 살길 원치 않을 거라고 말이다. 인간으로 살아가는 길의 아주 중요한 길목에 친구가 서 있는 게 분명했다.

"어? 어, 그, 그래."

"고마워."

"지, 지각하겠다. 빨리 가자."

"그래, 좀 뛸까?"

문수가 시험이나 성적에 관심이 있을 리 없었다. 학교생활이 즐거울 리도 없었다. 그가 관심 있는 건 예현이었다. 그는 그걸 인정하기로 했다. 다른 아이들과 어울리지도 않고 퉁퉁거리는 말 외엔 하지도 않던 자신에게 관심을 보였던 아이, 예현이가 어떤 이유로 그랬는지 궁금했다.

바람이 불고 있었다. 여전히 모래가 섞인 매캐한 바람이었다. 하늘도 맑진 않았다. 그러나 문수는 집으로 돌아가지 않았다. 가뿐하고 기분 좋게 예현이와 학교로 향했다.

멀리서 둘의 모습을 지켜보는 것이 있었다. 메피스토. 그도 오랜만에 기분이 좋았다.

'오, 뭔가 인간의 냄새를 풀풀 풍기고 있구나, 호문쿨루스. 무언가 달라졌어, 확실히. 흐흐흐. 그 달라진 방향이 이 악마 님에게 아주 유리한 방향이란 말이지. 지금 저 상태라면 인간으로 봐도 될 정도야. 당장 몸을 뒤져 영혼을 꺼내고 싶을 지경이야. 그래, 노력해라. 열심히 노력해. 그래서 지옥으로 데려가기 아주 좋은 영혼을 가지렴. 크크크.'

말라죽은 나뭇잎 같은 손을 비비며 메피스토는 키득거렸다.

4

인간은
노력하는 한
꿈을 꾼다

싸우는 자는 질 수 있지만 싸우지 않는 자는 이미 졌다

며칠 후 문수가 거칠게 실험실 문을 열고 뛰어 들어왔다. 손에 몇 장의 종이가 들려 있었다.

"야! 문 살살 열어! 지금 반쯤 내려앉은 거 간신히 붙들어 둔 거 몰라?"

"이것 봐. 하하하."

시험지였다. 그것도 50점을 받은 시험지였다.

"국어 말고 수학이랑 과학 시험지도 좀 봐 봐. 심지어 과학은 30점이야. 하하하"

"아…… 이걸 어째야 하냐?"

"뭘 어째? 기뻐해야지."

"인간이 되어 가고 있다는 게 시험 점수가 나쁘다는 걸 의미하는 건 아냐. 정신 차려!"

문수는 박사의 잔소리를 듣는 둥 마는 둥 하고 자랑스럽게 시험지를 다시 펼쳐 들고 바라보았다. 적당히 학교에 나가야 할 때 마침 시험이 있으면 데이터 입력으로 무조건 100점을 받을 수밖에 없었다. 그러나 이번엔 오히려 그 반대로 시험 범위의 부분 데이터를 지웠다. 예현이와 시험공부를 한 것만으로 시험을 본 것이다.

최근에는 데이터 입력이라든가 부품과 조직 점검, 교체, 인공 피부 이식 등을 일부러 늦추거나 자주 하지 않았다. 수업에 자주 가고 학교의 또래들과 시간을 많이 보내고 걷고 햇빛을 보고 연고를 자주 바르는 정도로 견디려 노력했다. 가끔 참을 수 없을 정도로 통증이 올 때가 있긴 했다. 아예 잠을 못 자거나 며칠씩 자야 하기도 했다. 몸에서 여러 이상한 소리가 나기도 했고, 갑자기 한쪽 팔을 움직일 수 없거나 열이 오르는 일도 있었다.

그러나 나쁘지 않았다. 인간은 자주 아프다. 자신도 모르게 아프거나 예상보다 심하게 아프기도 하다. 여기가 아프다가 저기도 아프다. 자세히 관찰한 결과 몸이든 마음이든 말이든 인간은 항상 아픔과 함께할 수밖에 없다는 결론에 도달했다. 아픈 건 어쩔 수 없지만 그다음 처리 과정은 어쩔 수 없는 게 아니었다. 그건 하기 나름이었다. 아픔과 어떻게 싸울지를 결정하는 걸 아마 인생이라고 하는 것 같았다. 문수는 호문쿨루스로서 싸워 나가지 않기로 했다. 인간으로서 싸우는 방식을 택하기로 했다. 조금씩이라도 말이다. 물론 그래서 결과는 국어 성적 50점에 과학 성적 30점이지만 말이다.

얼마 동안 시험지를 들고 흥얼거리더니 문수는 책을 펼쳐 읽기 시작했다. 괴테의《파우스트》였다. 박사는 물끄러미 문수를 바라보았다.

"흐흐흐. 문수야, 3초면 내가 다 네게 전달해 줄 수 있는데. 그 책 말이야. 어때?"

"엄마는 인생이란 걸 너무 몰라. 인생을 모르면 훌륭한 과학자도 못 된다고. 인생이란 획획 압축해서 갈 수 있는 게 아니야. 알아? 한 글자씩 한 줄씩 하나하나 모두 읽고 가야 하는 책과 같은 거야."

"아이고, 머리야. 내가 너한테 인생 강의까지 듣게 되다니. 에라, 모르겠다. 넌 계속 열등생으로 인생을 공부하렴. 난 내 할 일이나 하련다."

문수는 책을 읽다가 한숨을 쉬었다.

"야, 메피스토. 넌 파우스트 박사가 어떤 인간이었다고 생각해?"

"쳇, 그것도 네가 인간이 되는 데 필요한 부분이냐? 영혼이 생겼는지 아니면 아직도 영혼이 없는지만 말해."

"넌 역시 어리석어. 그러니까 지난번에 파우스트 박사의 영혼도 가져가지 못한 거야."

"뭐라고? 이 꼬맹이가!"

어두운 구석에서 생쥐들을 괴롭히고 있던 메피스토가 벌떡 일어났다.

"그가 누군지 알아야 해, 나도 너도. 난 너 때문에 그의 모험을 겪었어. 그리고 그땐 실패했지만 넌 지금 내 영혼을 가져가고 싶잖아. 한번 빵점을 받았으면 무엇이 문제였는지 보기 싫어도 그 시험지를 다시 살펴봐야 하는 거 아냐?"

악마의 얼굴은 펄펄 끓는 매운탕같이 되었다. 그러나 참기로 했다. 완전히 틀린 말은 아니었으니까. 그리고 문수에게 파우스트에 대해 말해 주는 게 어려울 것도 없었다.

"얘기한 적 있는데 잊어버렸냐? 한마디로 말하면 그 작자는 욕망으로 꽉 차 있어. 꿈은 고상했지. 진리를 얻고 싶다는 꿈 말이야. 그것도 주제넘은 욕망이긴 해. 그런데 그가 나중에 했던 일을 보면 진리 말고 이 세상에서 얻을 수 있는 것에 대한 욕심도 엄청났거든. 아무튼 최고의 존재가 되어 보겠다고 했어. 크크크. 그의 마지막 모험을 함께 겪어 볼까? 그러면 곧 네게도 죽음이 오고 내게는 영혼을 스윽 가져갈 기회가 될지도 모르잖아."

"아니, 이번엔 파우스트의 경험을 하지 않고 그를 지켜볼 거야. 그의 하인이나 부하 정도가 되면 충분하겠네. 그가 어떤 인물인지 알아야겠어. 지금까지도 사실 난 파우스트가 괘씸해. 그레트헨을 생각하면 말이야. 참, 의심하진 마라. 그의 경험을 따라가다가 그처럼 죽음을 맞을까 봐 걱정돼서 그런 건 아냐. 파렴치하게 악마까지 속일 생각은 없어."

"잘못하면 파우스트를 알기 전에 이번엔 네가 죽을 수도 있어. 인간으로 완성되기도 전에. 흐흐흐. 나야 상관없지. 가자, 황제를 만나러!"

"황제라……."

파우스트의 모험을 문수 자신이 조금 경험하기도 했지만, 문수는 책을 읽을수록 파우스트가 누군지 알 수가 없었다. 파우스트가 악마와 계약을 할 수 있었던 건 파우스트의 노력이든 욕망이든 완벽함이든 그 크기가 악마의 사악함만큼 컸기 때문에 가능한 건 아니었을까? 악마의 계약 상대, 파우스트. 그리고 무수한 사건, 무수한 죽음과 고통 속의 파우스트. 그를 냉정하고 철저하게 지켜보며 인간의 가장 깊은 욕망까지 파 내려가고 싶었다. 아무리 위험하더라도 아무것도 하지 않은 채 있을 순 없었다. 싸우는 자는 질 수 있지만 싸우지 않는 자는 이미 졌다, 이걸 아는 것이 성장한다는 거다.

황금과 쾌락의 꿈

황제의 성은 웅장했다. 문수와 메피스토는 회의실을 향해 걸어갔다. 이미 그곳에는 많은 관리와 신하가 웅성거리며 황제를 기다리고 있었다. 그들의 표정은 몹시 어둡고 걱정에 차 있었다. 이윽고 힘찬 나팔 소리가 들렸다. 근엄한 걸음걸이를 가진 황제는 많은 시종의 시중을 받으며 옥좌에 앉았다. 그 이후로도 많은 의례와 황제를 향한 귀가 간질거리는 칭송과 격식이 있었다. 수많은 의식 사이에서 문수는 하마터면 코를 골며 잘 뻔했다.

'아, 지루해. 궁전 밖은 황폐하고 가난한 사람 천지던데 쓸데없는 것에 신경을 쓰고 있군. 이 시간에 밭을 가꾸었으면 벌써 고구마 정도는 열렸겠다. 쳇, 이런 건 언제 어디든 마찬가지인가 봐. 인간답게 사는 건 인간에게도 어려운 일이구나.'

드디어 회의가 시작되었다.

4
인간은
노력하는 한
꿈을 꾼다

"황제 폐하, 아뢰옵기 황공하옵니다. 황제의 은혜에도 불구하고 세상이 잘못 돌아가고 있사옵니다. 송구스럽지만 세상이 악몽에 가깝습니다. 질서라고는 산산조각이 났지요. 가축을 빼앗고 심지어 교회의 잔과 십자가와 촛대까지도 훔칩니다. 그러고도 잘못을 뉘우치기는커녕 자랑을 하고 다니고 있습니다. 범죄자와 사기꾼이 넘치고 있사옵니다. 현명한 방도를 일러 주시옵소서."

이어서 작정이라도 하고 온 듯 관리들이 차례로 세상의 어지러움과 자신들이 맡은 곳의 어려움을 호소했다. 먼저 군사령관이 나섰다.

"나라를 지켜야 할 군사라고 다르지 않습니다. 서로 죽이고 때리고 있는데 엄하게 명령을 내려도 소용이 없습니다. 사실 군사에게 급료를 줘야 말을 들을 텐데 급료를 지불한 지가 오래되었습니다. 이들은 미쳐 날뛰며 행패를 부리고 있습니다."

"다급하고 엉망이기는 재무 부서도 마찬가지입니다. 어디를 가나 자기가 주인이라면서 차라리 따로 독립해서 살겠답니다. 다들 자기 살기 바빠서 재물을 긁어모으고 파내기에만 정신이 나가 있지요. 나라 살림살이가 말이 아닙니다. 텅 비어 있습니다."

의아한 듯이 황제가 물었다.

"무슨 소리요? 우리에겐 동맹국이 있지 않소. 그들이 원조해 준다고 하지 않았소?"

"폐하, 우리 왕국이 거지꼴이 되자 그들은 아예 모른 척하고 있습니다."

"제가 겪고 있는 어려움은 더 합니다. 저는 순간순간 피가 마릅니다요."

궁중 집사장이 기회를 놓치지 않고 나섰다.

"어떻게 해서든 궁중 살림을 아껴 보려 했지만 날마다 빚이 늘어만 가고 있습니다. 심지어 지금 궁중에 포도주가 한 방울도 없습니다. 예전에는 상상도 못 할 일이었지요. 지하실 계단을 내려가지 못할 정도로 술이 가득했으니까요. 하지만 매일 귀족과 황족들이 마셔 대니 남은 게 없지요. 돼지는 살찔 틈이 없고 침대의 베개까지도 저당이 잡혔습니다. 오늘 식탁의 빵도 모두 외상입니다요. 금고가 텅텅 비어 있습니다요."

찌푸린 얼굴을 한 황제 앞으로 우스꽝스러운 어릿광대 복장을 한 메피스토가 나섰다.

"폐하, 세상이란 건 늘 뭔가 부족하기 마련이죠. 하지만 머리는 이럴 때 쓰라고 있는 겁니다. 광산이나 낡은 성벽 바닥을 파면 황금을 찾을 수 있죠."

높은 재상이 나서서 메피스토에게 삿대질하며 엉터리에 사기꾼이라고 욕을 해 댔다. 뻔뻔한 광대를 처단해야 한다고 주장했다. 그렇다고 말을 멈출 메피스토는 아니었지만.

인간은 노력하는 한 꿈을 꾼다

4

"어려운 시절일수록 사람들은 너나 할 것 없이 두려움에 아끼던 물건을 땅속 여기저기 숨겨 두죠. 땅이 황제의 것이니 당연히 돈도 황제의 것 아니겠습니까? 그걸 빡빡 모두 긁어모으는 거죠."

그의 말에 골치 아픈 일들을 빨리 처리하고 싶은 황제는 귀가 솔 깃했다. 가난한 부서의 장관과 관리가 웅성거렸다. 문수는 악마가 하는 일을 지켜보며 인간의 나약함과 관리의 무능력에 혀를 차고 있었다.

"뭐, 사실 틀린 말은 아닙니다. 원래부터 그건 황제의 권한이니까요. 안 될 건 없습니다."

"그래도 어디서 왔는지도 모르는 떠돌이 광대의 말을 믿을 수가 있을까요?"

"그래, 그다음엔 어떻게 한다는 건가?"

의심과 호기심에 가득 찬 사람들이 광대 메피스토에게 귀를 기울였다.

"그것들로 돈을 만드는 겁니다. 새로 화폐를 만드십시오. 종이 화폐요."

"새로운 종이 화폐?"

"네, 언젠가 황제의 땅에서 금이 나올 테니까요. 어느 날 농부가 쟁기질을 하다가 황금 단지를 캘 수도 있고, 산을 오르다 금광맥을 발견할 수도 있지 않겠습니까? 아니면 금이 나올 때까지 산을 다 파헤치는 방법도 있습죠. 방법은 많아요. 그게 어디에 있고 언제인지는 알 수 없지만요. 그건 모두 황제의 것입죠. 그러니 미리 종이 화폐를 만들어 쓰면 됩니다요. 종이 화폐란 천국에서 보내 준 잎이지요."

"앞으로 나올 금덩이들을 믿고 종이로 미리 돈을 만든다?"

군사령관이 나섰다.

"지금 뭐든 급하긴 합니다. 그리고 어차피 멍청한 병사들은 돈이 어디서 왔는지는 묻지도 않겠죠."

어릿광대 옷을 입고 있는 메피스토는 자신이 계획한 대로 일이 되어 가는 것을 보고 가슴까지 들썩이며 속으로 웃고 있었다. 신중하게 생각하지 않고 황제는 벌떡 일어서서 명령했다.

"어서 지폐를 찍어라. 꾸물거릴 필요 없느니라. 어차피 이 세상의 것은 모두 짐의 것. 먼저 화폐를 찍고 나중에 금을 찾든 보석을 찾으면 된다. 어서, 어서!"

곧이어 황제는 파티나 즐기자며 시녀와 하인들을 못살게 굴었다. 그들은 앞으로 찍어 낼 지폐를 믿고 빚을 내 부어라 마셔라 먹고 취하고 놀았다. 파우스트는 메피스토의 곁에서 한 나라의 경제가 어떻게 돌아가고 앞으로 어떻게 될 것인지, 화폐가 어떤 효과를 가져올 것인지 곰곰이 생각하고 있었다. 그리고 그 너머에서 문수는 황제와 신하들의 행동, 무책임하고 성실하지 않고 자긍심도 없이 편해지고자 악마의 손에 쉽게 놀아나는 인간들의 모습을 보며 혀를 끌끌 찰 수밖에 없었다.

곧 종이 화폐가 마련되었다. 황제가 서명했고 백성에게 알리는 글도 완성되었다. 신하가 정리한 글을 읽었다.

"이제부터 지폐를 사용할 것이니라. 황제의 성은이 백성에게 골고루 나눠지도록 할 것이다. 우리나라에는 무진장으로 보물과 금이 묻혀 있다. 그러니 이 지폐를 나중에 보물과 금으로 바꿔 줄 것이다. 여기까집니다요, 폐하. 어떻습니까?"

황제를 비롯한 신하들이 손뼉을 치며 좋아했다. 지폐를 받은 백성도 너나 할 것 없이 환호성을 지르며 기뻐했다. 마치 하늘에서부터 금과 보물, 빵이 영원히 떨어질 것처럼 말이다. 그리고 얼마 동안 이것은 사실처럼 보였다.

지폐가 발행되고 얼마 지나지 않아 거리에는 자두와 복숭아, 사과 같은 과일이 넘쳤다. 기운과 활력이 넘치는 장사꾼들이 손님을 불러 모으는 소리로 시장은 활기가 흘렀다. 장미와 울긋불긋한 꽃을 파는 아가씨들도 웃음을 되찾았다. 술집엔 주정꾼과 고기 굽는 냄새가 들어차고 새 옷을 입은 아이들이 거리에서 뛰어놀았다.

집사장이 종종걸음으로 급히 황제를 뵙고자 했다. 그는 힘차게 황제에게 나라의 소식을 전했다.

"전하, 이렇게 기쁜 소식을 전하게 되어 영광이옵니다. 모든 백성이 지폐로 큰 행복을 골고루 누리고 있사옵니다. 그리고 나라의 빚은 모두 지폐로 정리가 되었습니다."

이에 질세라 군대를 이끄는 장군과 경제를 맡은 신하도 황제에게 그동안의 변화를 보고하기 시작했다. 밤사이에 황제의 도장이 찍힌 지폐로 세상이 다시 살아 움직이기 시작했다는 둥 병사의 월급과 궁중 하인의 급여가 지급되어 모두 다시 일하기 시작했다는 둥 모두가 황제를 찬양한다는 그런 종류의 이야기였다. 황제는 어리둥절하면서도 신기해했다. 물론 신하들의 아첨에 기분이 좋아지기도 했고.

"호, 정말 사람들이 금화와 은화를 쓰는 대신에 종이 쪼가리를 들고 다닌다는 거요? 거참, 좋기는 해도 희한하긴 하구려. 어쨌든 잘됐다니 다행이오. 마법의 종이군, 마법의 종이야. 하하하. 이건 모두 어릿광대의 덕분이기도 하네."

"황공하옵니다."

장난질로 즐거워하는 말썽꾸러기의 눈꼬리를 하며 메피스토가 말했다. 문수는 메피스토의 옷자락을 끌고 뒤뜰로 갔다. 적어도 문수는 황제와 그의 신하들보다는 경제에 대한 기초 상식도 있었고 그들보다 한 치 앞은 더 볼 수 있었다. 문수는 걱정스러웠다.

"뭘 하자는 거야? 이 끝이 어떨지 넌 잘 알고 있잖아. 재밌니? 나한테 경제 공부를 시켜 주겠다는 거야? 파우스트는 뭘 하고 있고?"

"넌 보고만 있겠다며. 이 기회에 너도 세상 보는 눈을 좀 넓히렴. 너도 알잖아. 앞으로 세상은 돈에 의해 굴러간다는 거. 이들에게 그

맛을 좀 보여 주는 것뿐이야. 그리고 이 흐름은 내가 아니라도 언젠가 반드시 이루어지게 되어 있어. 왜냐고? 인간들의 물건에 대한 끝없는 욕심과 어리석음 때문이지. 크크크."

"한심해서 마구 인간이 싫어지려고 한다. 그만해!"

문수는 호문쿨루스라면 가질 수 없는 불쾌감과 불안을 느꼈다. 불쌍하기도 했다. 한편으론 인간의 끝없는 욕심에 치가 떨리기도 했다. 인간이 되어 가면 인간을 알 수 있을 거라 여겼지만 오히려 그 반대였다. 인간은 알면 알수록 이상하고 그 속을 알 수 없는 생명체였다. 괴테가 말한 인간의 무한한 노력과 무한한 욕심 사이에는 어떤 차이가 있는 건지, 정말 인간은 계속 욕심을 부려도 괜찮은 건지 알쏭달쏭했다.

그러나 문수는 지금 한 가지는 분명하게 알 수 있었다. 확실한 물건 없이 아이들 낙서 종이처럼 마구 찍어 내는 지폐는 큰 재앙이 될 거라는 사실 말이다. 현대 여러 나라에선 필요한 사업이나 복지, 국방을 위해 세금을 걷기도 하고 화폐를 더 늘리기도 한다. 그렇지만 만약 나라가 돈의 양을 아주 많이 늘리면 어떻게 될까? 사람들이 더 많은 돈을 가지게 되지만 필요한 물건을 사기 위해 더 많은 돈을 내게 된다. 왜냐하면 물건의 양은 한정되어 있으니까. 물가가 아주 갑자기 높아진다는 거다. 물건을 생산해 내면서 돌아가는 경제 성장이 아니라 조작으로 성장한 허깨비 놀음에 불과하다. 황제의 나라도 곧 이런 처지가 되겠지. 화려하게 빛나고 찬양받는 황제의 영광도 하룻밤 사이에 잿더미가 되어 버릴 것이다.

너무 뻔한 상황이었다. 문수는 입안에 쓴맛이 돌았다. 궁전 근처에 공장이 있을 리도 없는데 매캐하고 퀴퀴한 바람이 불어왔다. 입속에서 모래 맛이 났다. 어쩌면 이 모래 맛은 돈의 맛과 비슷할지도 모르겠다는 생각이 들었다.

"이제는 어떻게 돌아갈지 훤하게 보이는데 여기 있지 말자."

문수가 말했다. 메피스토는 어깨를 으쓱하며 무너지는 꼴을 눈으로 보는 게 얼마나 인간적으로 성숙하게 해 줄지, 얼마나 재밌는 구경인지 떠벌였다. 곧 사람들은 쓰레기 조각에 불과한 종이돈에 화를 내고 예전보다 더 큰 가난과 혼란에 빠질 것이다. 문수는 곧 엉망진창이 될 궁전을 떠날 거라고 했다.

"정 그렇다면 내가 양보하지. 이렇게 조용한 곳 말고 신나는 곳으로 가 보자고."

"악마가 신이 날 만한 곳이 어딜까? 기대가 되진 않지만. 하긴 돈의 시대는 앞으로 끊임없이 계속되겠지."

"파우스트 박사도 이곳에서 너처럼 앞으로 올 시대와 돈의 위력에 대해 느꼈지. 그가 가만있을 리 없지. 넌 그의 활약을 보고 싶겠지? 진짜 모험을 하게 해 주지. 기대하시라."

메피스토는 째진 눈을 더욱 치켜뜨며 외투를 펄럭였다.

인간은 노력하는 한 꿈을 꾼다

4

권력과 개척의 꿈

문수가 도착한 곳은 구름 한가운데 있는 높은 바위 봉우리였다. 왜 여기에 오게 됐는지 주위를 둘러봤다. 건너편 바위에 파우스트와 메피스토의 모습이 보였다. 파우스트는 거센 바람을 맞으며 먼 곳을 바라보고 있었다. 이런 곳에서 뭘 하고 있는지 모르겠지만 문수는 일단 그들을 지켜보기로 했다. 도사가 되려는 것도 아닐 텐데 파우스트라는 사람도 참 이상하다고 생각하면서.

메피스토는 한걸음에 7리를 갈 수 있는 장화를 신고 나타나 파우스트 곁에서 나불거렸다.

"아, 여기까지 오느라 힘들었네. 이 장화가 아니었으면 따라오지도 못했겠군. 왜 이런 곳에 있소? 험하고 아무것도 없는 곳인데. 흐흐흐. 이 바위들을 보니 옛날 생각이 나는군. 화산과 지진이 있기 전엔 여기가 바로 지옥 밑바닥이었다오. 불길이 치솟고 악마들이 유황

가스로 캑캑대고 방귀를 뿡뿡 뀌어 댔지. 크크크. 땅껍질도 악마들의 소동을 참다못해 터지고 말았고."

"아, 그레트헨 생각이 나는군. 그녀의 사랑스러운 얼굴과 빛나던 눈빛이 떠올라."

순간 문수 역시 그레트헨과 예현이의 얼굴이 그려졌다. 하지만 예현이가 보고 싶은 마음에선지 환상 속에서 예현이의 고통을 봤을 때의 미안한 마음에선지 알 수 없었다.

"뭔 헛소리를. 우리 악마가 세상의 아래위를 뒤집은 귀한 얘기를 해 줬더니 기껏 한다는 얘기가…… 쯧쯧쯧. 나나 당신이나 이럴 때가 아니지, 파우스트. 사람들 앞에서 존경과 영광을 누려야 하지 않겠소? 얼른 대도시로 갑시다. 골목과 시장과 술과 냄새, 우글거리는 사람들에 마차가 있는 곳으로 말이오."

"아니, 난 명예로 만족할 수 없어. 그리고 대도시는 예전에 실컷 누렸어. 난 이제 권력과 돈을 얻겠어."

"오호, 역시 당신의 욕망은 더 큰 것이었군. 이 세상이 아니라 달까지는 가야겠지. 근데 어딜 그렇게 멍하니 바라보고 있소? 금화라도 떨어져 있는 거요?"

"너 같은 악마가 뭘 알겠냐. 저 넓은 바다를 바라봐라. 파도가 해안으로 밀려와 해변을 뒤덮는군."

"저런 거 처음 보는 어린아이처럼 왜 그래?"

인간은 노력하는 한 꿈을 꾼다

4

"아…… 다시 파도의 거품이 해변을 뒤덮네. 저 파도란 것은 정말 쓸모가 없군. 파도는 힘이 거세지만 물러난 뒤엔 아무것도 없어. 그뿐이야. 언젠가 난 저 파도를 밀어낼 거야. 여기서 나는 싸워 이겨 내고 싶어. 계획을 세워 차근차근 이뤄야겠어."

"무슨 소린지 모르겠지만, 지금 바다 구경할 때는 아니지. 북소리와 군대의 나팔 소리가 안 들리오? 종이로 돈을 만들었던 황제의 군대지. 바보 같은 황제 말이야. 결국 땅에서 황금은 안 나오고 돈의 가치는 떨어져 나라가 엉망이 되었어. 서로 미워하고 싸우고 쫓아내고 난리가 났지. 아이고, 즐거워라. 흐흐흐. 그렇게 난폭해지고 악해지다가 폭동이 일어났지. 참는 데도 한계가 있었던 모양이야. 새 황제를 모시겠대. 크크크. 그래서 싸우는 중이야. 자, 이 기회를 놓치기 아깝지 않아? 황제에게 뭔가 얻을 게 있을 거야. 당신은 어때?"

메피스토는 파우스트에게 몸을 기울이며 소곤거렸다.

파우스트는 잠시 생각에 잠겼다. 그는 군대나 전쟁에 대해선 아무것도 아는 것이 없었다. 하지만 그건 이번에도 메피스토가 알아서 해 준다고 바람을 집어넣었다.

확실히 파우스트는 황제에게 얻고 싶은 것이 있었다. 아니, 황제에게라기보다 이 세상에서 얻고 싶은 것이었다. 권력과 자신만의 나라와 돈을 갖고 싶었다. 갖고 싶은 것을 얻을 수 있다는 유혹을 뿌리칠 수 있는 인간은 거의 없다는 걸 메피스토는 누구보다 잘 알았다. 그의 예상대로 파우스트는 갑옷과 투구를 쓰고 황제를 찾아갔다. 황제를 위해 군대의 총사령관이 되어 싸우기 위해서였다.

악마에게 전쟁이란 얼마나 달콤하고 신나는 일일까? 메피스토는 자신의 힘을 마음껏 보여 줄 기회였다. 그는 험한 계곡과 바위 사이사이에 갑옷을 걸친 유령을 배치하기도 하고, 무기 창고를 털어 오기도 했다. 칼과 방패와 창, 말을 훔쳐 적군을 당황하게도 했다. 지상에 있는 동안 파우스트를 돕기로 하고 지상을 떠난 파우스트의 영혼을 차지하기로 했으니 파우스트가 원하는 걸 이루도록 도와야 하지 않겠는가. 파우스트가 이 전쟁에서 이겨야 황제에게 자신이 원하는 걸 얻을 수 있을 테니까.

적군들의 반격이 만만치 않았다. 하마터면 마법의 힘으로도 그들을 누르지 못할 뻔했다. 그러나 난쟁이족의 대장간에서 빌린 불로 하늘에 불꽃을 일으키고 번쩍거리는 도깨비불을 동원했다. 철거덕거리는 갑옷 소리가 여기저기서 들리게 했다. 적군은 기가 꺾이고 불안에 떨 수밖에. 이런 군대와 싸워 이기는 것은 그다지 어렵지 않았다.

결국 황제의 편이 이겼다. 파우스트는 전쟁에서 가장 큰 공을 세웠다. 그냥 넘어갈 순 없었다. 공을 세웠으니 그에 맞는 선물을 줘야 했다. 그러나 물에 빠진 놈 건져 놓으니까 내 봇짐 내놓으라 한다는 속담도 있지 않은가. 인간이란 다급할 때와 그 일을 넘긴 다음에는 항상 다른 태도를 보인다. 황제는 그에게 가장 쓸모없어 보이는 땅, 아니 땅이라기보다는 물과 모래를 주었다. 항상 파도가 넘나드는 황폐한 땅 말이다.

인간의 꿈

문수는 파우스트와 메피스토의 모험을 지켜보며 많은 혼란을 느꼈다. 가장 위대한 인간을 만나러 온 것은 아니었지만, 인간이 위대해지기 위해 노력하는 과정이 문수에겐 그다지 아름답지 않았다. 고통을 극복하고 어려움을 이겨 내고 싸우고 원하는 것을 차지하고 그리고…….

'아이고, 어지럽다. 헷갈려. 잘 모르겠어. 왜들 이러는지 말이야. 자, 정리해 보자. 아름다운 인간이란 뭐지? 괴테 할아버지도 그렇고 학교 선생님도 그렇고 엄마도 그랬어. 노력하는 인간은 아름답다고. 고통스럽고 절망을 겪기도 하지만 아름답다고. 인간이 아름답다고 하는 게 이런 것이었을까?

파우스트 박사만큼은 아니지만, 그의 여행에서 그가 그레트헨과 나눈 사랑처럼 나도 예현이를 사랑하고 예현이를 잃기도 했지. 헬레네를 사랑하고 오이포리온을 사랑했지. 그리고 헬레네를 잃고 오이 포리온을 잃었어. 거기서 난 사랑하는 것을 잃지 않기 위해 노력하고 싶다고 느꼈는데……. 나의 사랑을 잃지 않기 위해, 또는 나의 목표를 잃지 않기 위해 인간은 전쟁과 다툼을 할 수밖에 없는 건가? 원하는 걸 얻기 위해 전쟁까지 벌이는 걸 노력이라고 하는 건가? 그런 게 노력이야? 정말? 아, 사랑은 다를지 모르겠군. 그건 달라야 하는 거지, 당연히. 음…… 그럼 그건 빼고. 어쨌든 자신이 원하는 걸 다른 사람이 갖고 있으면 거짓과 전쟁을 통해서라도 얻는 게 노력인 걸까? 잘 모르겠다. 난 이제 인간이 되려는 인조인간이라기보다 확실히 나 자신을 인간으로 느껴. 하지만 내가 상상했던 것보다 인간은 훨씬 많은 일을 겪는 것 같아. 순간순간 고민해야 하고 선택해야 하고 말이야. 파우스트가 도달하고자 하는 최고의 진리, 그것이 뭔지 모르겠다. 휴…… 인간은 너무 힘들어.'

5

인간은
노력하는 한
방황한다

평화롭고 쓸모없는 바닷가

황제에게 선물로 받은 곳은 파도가 치는 모래 언덕이었다. 그러니 농사를 짓거나 시장을 만들거나 사람들이 많이 살 수 있는 곳이 아니었다. 거기에는 그저 순하고 착한 노인 두 명만이 허물어져 가는 오두막에서 살고 있었다. 필레몬이라는 할아버지와 바우키스라는 할머니였다.

'필레몬과 바우키스, 어디선가 들은 적이 있는데……. 예현이가 좋아하는 과자 이름이던가? 인간이 되어 가니 이렇게 잊어버리는 일도 생기는군. 바람직한지 걱정해야 할 일인지 모르겠네. 쳇.'

문수는 기억을 떠올리려 했다. 그러다 예전에 엄마가 밤에 읽어 준 옛날이야기가 생각났다. 그 이야기의 주인공 이름이 분명 필레몬과 바우키스였다.

"옛날 옛날엔 인간들이 신을 믿고 따르며 잘 모셨대. 그런데 인간들이 점점 신을 무시하고 자기들 잘난 맛에 살면서 싸우고 헐뜯고 아주 험악해졌어. 신들은 화가 나서 홍수를 일으켜 이 세상을 모조리 물속에 가라앉히자고 했지. 사악하고 잔인하고 오만한 인간들을 벌주기 위해서 말이야. 그런데 그때 세상에서 아주 간절한 기도 소리가 들려오는 거야. 봤더니 아주 착하고 신을 잘 모시던 필레몬과 바우키스라는 노인들이었어. 그들은 다른 인간들과 달리 부지런하고 상냥하고 이웃을 항상 도우며 살았지. 신이 변장을 하고 세상을 돌아다닐 때 유일하게 신을 맞이해서 잘 대접했던 사람이 이 두 노인이었단다. 이렇게 선량하고 남 돕기 좋아하는 사람을 어떻게 벌을 줄 수가 있겠어? 그래서 신들은 세상을 모두 물에 잠기게 해서 모든 악한 인간들이 죽어 갈 때 필레몬과 바우키스만은 살려 주기로 했지. 사이좋은 필레몬과 바우키스는 행복하게 살다가 죽어서도 나무로 변해 서로 감싸안고 오래오래 함께 지내게 됐단다."

엄마가 들려준 이 이야기의 주인공인지 아닌지는 몰라도 모래 언덕 위에 사는 필레몬과 바우키스도 그들처럼 아주 상냥하고 검소하고 겸손했다. 쓸쓸한 바닷가의 오두막 곁에는 조그마한 채소밭이 하나 있었고 검은 보리수 몇 그루가 있을 뿐이었다. 그리고 근처에 아주 작은 교회가 있었다. 문수는 자주 오두막에 들러 그들의 따스한 웃음과 이야기에 귀 기울이기를 좋아했다. 박은오 박사가 좋긴 하지만 실험실은 어떤 생물체에게도 해로울 만큼 지저분하고 낡았다. 언젠가는 반드시 무너질 것 같았다. 그에 비하면 필레몬과 바우키스의 오두막은 허름하지만 참 깔끔했다. 아침마다 빗자루와 물걸레로 청소도 하고 환기도 시키고 먼지도 털었으니까.

이즈음 메피스토와 파우스트는 바다를 메워 땅으로 만드느라 정신이 나가 있었다. 그들은 마치 현대의 공장 로봇처럼 일을 해 댔다. 문수는 그런 것엔 별로 관심이 없었다. 그보다는 필레몬과 바우키스에게 채소 키우는 법이나 교회에서의 소소한 일들, 혹은 날씨 이야기를 듣는 게 더 재미있었다. 같이 채소를 다듬고 밥을 짓고 햇살과 바람을 쐬기도 하고 밤엔 엄마보다 느리고 편안한 목소리로 옛날이야기도 들을 수 있었다. 어차피 파우스트에 대한 일은 메피스토가 하나도 빠짐없이 수다를 떨며 알려 주기도 했다.

처음에는 바다를 메우려는 파우스트의 생각에 놀라기도 하고 대견하기도 했다. 역시 대단한 인간이란 생각이 들었다. 인간의 노력이란 엄청난 것이라고 감탄하기도 했다. 그러나 조금씩 그에게 의문이 들기 시작했다.

"저 파도도 조금씩 멀어져 가는구나. 나라에서 일꾼을 데려와 제방을 쌓고 물길을 막아 버렸잖아. 그들은 바다의 주인이 되려나 봐."

어느 날 필레몬이 창문 너머로 바다를 바라보며 문수에게 말했다. 바다를 막고 땅으로 만들고 있는 그들이 바로 파우스트가 데려온 일꾼이었다.

"조금 있으면 해가 떨어지겠네. 바다 위로 떨어지는 태양은 정말 황홀하지. 매일 이렇게 아름다운 풍경을 마련해 주니, 자연이란 참으로 신비하지. 문수야, 잘 보렴. 이제 배들이 저 뒤편으로 모두 가는 게 보일 거야. 나라에서 저곳에 항구도 만들었거든. 허허허. 그래서인지 저쪽을 중심으로 사람들이 꽤 많이 모여들었어. 예전에는 사람 만나기가 참 어려운 곳이었는데 말이야."

"여기가 이렇게 발전하다니 정말 놀라워, 세상에."

바우키스가 필레몬의 말에 덧붙였다.

"할머니 할아버지는 이곳에 사람이 많아지고 둑도 쌓고 항구도 생겨서 좋아요? 어때요? 살기 더 좋아진 것 같아요?"

필레몬은 식탁에 있는 작은 빵을 문수에게 건네주며 얼굴에 쓸쓸한 미소를 지었다.

"글쎄다. 우리 같은 늙은이야 보리수 밑에서 쉬다가 채소나 돌보고 교회에 가서 기도만 올릴 수 있으면 그보다 더 행복한 건 없으니까. 황제에게 이 땅을 받은 분이 궁전을 짓고 그 많은 공사를 하는 것에 뭐라고 하고 싶진 않은데……."

"그런데요?"

머뭇거리는 필레몬을 대신해서 바우키스가 말했다.

"날마다 일꾼들이 괭이와 삽으로 일하는 소리가 나는 건 그렇다 쳐도 밤마다 술을 마시고 소란을 피우니까. 아니면 일하다가 다친 사람들이 앓는 소리가 들려. 소문엔 무리한 공사로 많은 사람이 불구가 되거나 죽기도 했대. 게다가 일을 무지막지하게 하는 건지 마술을 부리는 건지 하루아침이면 둑이 하나 서 있고, 다음 날이면 운하가 만들어져 있고 그래. 정말 대단한 분이야. 그분은 신도 두려워하지 않는 거 같아. 자연을 마구 해치워 버린다니까. 이러다간 어느 날 우리 집까지 파고 들어오겠어."

"에이, 설마요."

문수는 조금 걱정이 되었다. 마음만 먹으면 파우스트와 메피스토는 노인들의 오두막쯤은 순식간에 무너뜨릴 것을 알고 있었다. 그들이 이곳에 전혀 관심이 없기를 바랐다.

"우리에게 새로 얻은 땅에 멋진 농장을 주겠대. 그런데 우린 그런 거 필요 없어. 여기서 노을을 보고 조용하게 기도드리며 사는 게 제일 행복하니까."

"그렇지, 그렇지. 문수야, 빵이 따뜻할 때 좀 먹어 봐."

두 노인은 마주 보며 웃었다. 하지만 문수는 그 소리를 듣고 편안하게 웃을 수 없었다. 필레몬과 바우키스를 만나 많은 지혜를 얻게 됐다고 생각했고 행복했다. 그들에겐 정말 배울 것이 많았다. 그런데 그들의 오두막이 위험에 빠질 것 같았다. 문수는 당장 파우스트의 궁전으로 갔다. 그들의 일에 절대 참견하지 않겠다고 했지만, 뭘 할지 의심스럽고 걱정이 되었다.

필레몬 할아버지의 말을 듣기 전까지 문수는 이곳이 이렇게 많이 바뀌었는지 알아채지 못했다. 그는 할아버지 집에 놀러 온 소년이 된 기분에 젖어 도시 변두리가 아닌 따스하고 정이 넘치는 시골 생활을 즐기고 있었다. 그러나 파우스트가 있는 궁전 쪽으로 가면서 소름이 돋았다. 처음 이곳에 왔을 때의 폐허 같지만 고즈넉한 분위기는 하나도 남아 있지 않았다. 어디든 곳곳에서 망치와 삽 소리가 들렸고 흙더미와 건설 중인 정원과 건물들이 빼곡했다. 그뿐만 아니라 간척 사업으로 바다를 모래로 채워 땅을 만들고 있었다. 그사이 바다가 많이 줄어 있었다.

이제 파우스트는 많이 늙어 보였다. 그는 궁전의 정원을 거닐며 생각에 빠져 있었고, 메피스토는 그 옆에 흉측한 미소를 지으며 나불대고 있었다.

"정말 대단하오, 파우스트. 더럽기 짝이 없고 쓸모없던 땅들을 이렇게 바꾸다니 말이오. 이곳에 멋진 도시가 들어설 거라고 어리석은 황제는 상상도 못 했겠지? 항구엔 배들이 들어오고 나가고 파도는 둑을 넘지 못하고 있소. 악마에게 박수를 받을 만하다니까."

"아냐, 아직 멀었어. 난 저곳이 필요해, 저곳."

"응? 어디? 아직 바다를 더 메우고 싶은 거요?"

"저 모래 언덕 오두막집 말이야. 거기 있는 보리수들을 갖고 싶다고. 내 멋진 왕국을 저 보리수들이 망쳐 놓고 있어. 난 저기에 확 트인 전망대를 짓고 그곳에 올라 내가 만든 왕국을 내려다보고 싶다고. 아…… 또 들린다. 오두막 옆에 있는 교회의 종소리 말이야. 난 저 종소리만 들으면 화가 치밀어 올라."

문수는 필레몬의 집을 내버려 두라고 말하러 이곳에 왔다. 그러나 그들의 말을 들어 보니 턱도 없는 일이었다. 필레몬 할아버지가 생각하고 있는 것보다 파우스트는 훨씬 더 오두막에 대한 욕심이 컸다. 아니, 어쩌면 욕심이 아닐지도 몰랐다. 파우스트 자신이 만든 도시와 간척지와 항구와는 어울리지 않는 오두막 풍경을 미워하는 것 같았다. 메피스토가 맞장구를 쳤다.

"옳은 말씀! 나도 교회 종소리를 들으면 구역질이 난다니까. 매일 땡땡거리기나 하고. 여기에서 날마다 저 오두막을 바라보면 눈에 가시가 박힌 것만 같아."

"노인들에게 내가 골라 놓은 농장으로 옮겨 가라고 얘기했는데 왜 빨리 이사하지 않는 거지? 저 허름하고 볼품없는 오두막에서 왜 안 나오는 거야?"

어디 말썽부릴 곳이 없나 찾아다니는 메피스토에게 이 말은 너무나 유혹적이었다.

"당장 노인들을 번쩍 들어다 옮겨 버리면 되지. 그러면 끝이야. 너무 걱정하지 마쇼. 자, 애들아, 들었지? 폐하의 심기가 불편하시지 않게 일 처리 좀 해라."

메피스토를 따라다니는 말썽꾸러기들이 앞다투어 궁전을 뛰어나갔다. 문수는 불안했다. 악마의 부하들이 하는 일이다. 그래도 워낙 착한 노인들이고 파우스트가 미리 좋은 곳을 마련해 뒀다니까 할아버지 할머니가 아주 섭섭하겠지만 어쩌면 생활이 조금은 편해질지도 몰랐다.

그날 밤이었다. 문수는 궁전의 조그만 창문으로 들어오는 불빛과 소란에 잠을 깼다. 유리창 너머로 커다랗고 시뻘건 악마의 혀 같은 불길이 보였다. 궁전 안에서 여러 사람이 불이 났다고 떠드는 소리가 들렸다. 잠결이라 처음엔 무슨 일인지 구별이 안 됐다. 하지만 곧 그 불길이 필레몬 할아버지 집에서 솟아 나오는 것임을 알았다. 문수는 자리를 박차고 밖으로 나갔다. 신발을 신었는지 아닌지도 기억나지 않았다. 그는 할아버지 집을 향해 뛰어 올라갔다. 그리고 그 길에 궁전 정원에서 불타는 노인의 집을 뒷짐을 지고 바라보고 있는 늙은 파우스트의 모습을 보게 되었다. 할아버지와 할머니가 그날 다른 집으로 옮겼기를 간절히 바랐다. 우연히 불이 난 것이기를 바랐다. 그러면서도 언덕을 뛰어오르는 동안 눈물이 났다.

'꿈이었으면 좋겠어. 꿈일 거야. 아, 말도 안 돼. 어떻게 할아버지 할머니가……'

엉엉 울면서 뛰어 올라간 언덕엔 이미 다 타 버려 새까맣게 부서진 오두막이 있었다. 세찬 바람이 타오르던 불길을 부채질해 불은 더

욱 거세지고 이글거렸다. 오두막뿐 아니라 옆의 마른 보리수 가지에
까지 옮겨 붙었다. 가지가 타고 줄기와 뿌리까지 타들어 갔다. 필레
몬과 바우키스는 집 안에서 검은 연기를 마시고 숨을 쉴 수가 없었
다. 노인들은 마룻바닥에 질식하여 쓰러지고 말았다. 서로 두 손을
꼭 잡고.

그런데 이상했다. 누구나 볼 수 있는 언덕의 오두막이다. 파우스
트가 전망대로 삼고 싶어 할 만큼 높은 곳에 불이 났다. 그런데 아무
도 불길을 끄러 오지 않았다. 문수는 이 도시의 모든 사람이 이곳을
보고 있다는 걸 느끼고 있었다. 멀리서 불길을 보고 있으면서 일부러
아무도 도우러 오지 않는 것 같았다. 마치 이곳으로 뛰어오면서 봤던
파우스트처럼 말이다. 문수는 필레몬과 바우키스를 떠올리며 아주
천천히 불탄 오두막에서 내려왔다.

'파우스트, 네가 하고 싶은 게 대체 뭐냐? 이렇게까지 하면서 해
야 할 일이란 게 대체 뭐냐? 파우스트, 네가 인간이냐? 이 호문쿨루스
가 너보다는 인간이다, 파우스트!'

문수는 이 말을 울면서 곱씹으며 터덜터덜 궁전으로 내려왔다.

예상했던 대로 오두막 화재 사건으로 회의가 있었다. 파우스트
는 안타까움과 슬픔에 신하들과 메피스토에게 버럭 화를 내고 있었
다. 문수가 불길을 바라보고 있던 파우스트의 깊고 음흉한 눈빛을 보
지 못했더라면 아마 그의 연기에 깜빡 속았을 것이다.

"오, 어떻게 이런 일이! 아름다운 오두막과 보리수가 불에 타다니! 그래서 선량하고 친절한 노인분들은 내가 마련한 새집으로 잘 모셨겠지? 안타깝지만 그곳에서 편하게 지내시면 돼."

"아…… 폐하, 그게 저, 죄송합니다요. 일이 잘되지 않았습니다. 문을 두드리고 또 두드리고 소리쳤습죠. 나오라고 말이죠. 그런데 아무 소리도 안 들리더라고요. 그래도 최선을 다했습니다요. 그러다 주위에 놓아둔 횃불에서 마른 풀로 불이 확 옮겨붙었죠. 순식간이었습니다. 그런데 이 노인들이 엉큼하게 집 안에 있었나 봅니다요. 분명히 들리는데도 안 들리는 척한 겁니다. 노인과 그 주변이 모두 불탔습니다. 그러나 너무 신경 쓰지 마십시오. 노인들은 별 고통 없이 죽었습니다요."

"말도 안 되는 소리! 썩 물러가거라!"

파우스트의 고함에 풀이 죽은 신하들이 회의실을 비웠다. 그는 은밀하고 번득거리는 눈빛으로 창밖 언덕 쪽을 바라보았다. 텅 빈 회의실에 어둠이 깔리기 시작했다. 어둠 속에 있던 문수는 조용히 파우스트에게 다가갔다.

"연기하느라 수고했어. 굳이 연기하지 않아도 될 텐데. 그나저나 꼭 이렇게 해야 했어?"

"너 같은 꼬마 호문쿨루스에게 답해 줘도 알 수 있는 게 아니야. 넌 날 이해하지 못해."

문수는 쓴웃음이 흘러나오는 걸 간신히 참았다.

"흐흐흐. 그래, 잘난 인간들께서는 항상 그렇게 말씀하셨지. 분명히 난 널 이해 못 하겠어. 왜 할머니 할아버지를 죽였는지 말이야. 그게 네 위대한 꿈이고 진리에 다가가는 일이었나? 눈물이 날 정도로 위대한 꿈이군."

"아…… 노인들의 죽음 때문에 네가 날 비난하는 거 알아. 그래, 내가 은근히 신하들을 부추겼지. 노인들을 불태워 죽인 건 내가 한 일이나 마찬가지라는 거지? 틀린 말은 아니군. 하지만 희생 없이 이룰 수 있는 건 아무것도 없단다, 꼬마야."

어둠 속에서 둘은 서로를 쏘아봤다. 얼굴을 잘 볼 순 없지만 서로에게 뿜어져 나오는 불쾌감과 미움의 감정은 잘 느낄 수 있었다. 둘 다 몹시 무겁고 슬픈 기분이었다. 그 이유는 달랐지만 말이다.

"이제 나도 알아. 끝없이 노력하고 성장하는 것 자체는 문제가 되지 않아. 분명히 인간에게 그건 아름다운 부분이겠지. 하지만 네가 노력이라고 말한 그것, 성공이라고 말하는 그것에 다른 사람의 피를 묻히다니!"

"말했지! 아무것도 잃지 않고 무언가를 얻을 수 없어!"

파우스트는 고함을 쳤다. 문수는 창턱에 걸터앉아 비아냥거리는 눈빛으로 그를 쏘아보았다.

"오호! 잘못한 일이라는 걸 알긴 아는구나. 그래, 그건 악마가 생각해도 잘한 일은 아니야. 뻔뻔한 것! 욕심과 자만의 노예! 넌 이기심의 꼭두각시야, 파우스트."

문수는 그레트헨에 대해 파우스트가 저지른 잘못에 대해서도 말하고 싶었지만 꾹 참기로 했다.

"인간이 살다 보면 고통도 만나고 슬픔도 만나지. 그러나 어떤 상황에서도 자신의 길을 잃지 않고 끝까지 가야 하는 거다. 난 어리석은 황제가 다스리는 나라와는 다른 나라를 만들 거야. 나의 나라에 사는 모든 사람이 행복한 나라를! 노력한 만큼 잘 살 수 있는 사람들이 모여 사는 멋진 나라를!"

토론은 그들의 감정만큼이나 격렬해지고 있었다.

"네가 말하는 걸 이해하기 때문에 내가 화가 나는 거다, 멍청이 파우스트야. 할아버지 할머니는 네 나라에 있을 만한 자격이 없는 분들이었나 봐. 지나치게 착하고 훌륭한 분들이었지."

"작은 것밖에 보지 못하는 어리석은 호문쿨루스! 난 바다를 메워 수백만의 사람들에게 일자리를 마련해 줘야 해. 너도 봤지? 물거품만 일어나는 모래 언덕이 땅이 되었잖아. 우리들의 땅은 점점 넓어질 거야. 노력하는 만큼 반드시 보상받는다고."

파우스트는 강단에서 연설하는 것처럼 말했다. 그는 문수 역시 설득할 수 있다고 믿는 게 분명했다.

"흐음, 네가 악마와 계약을 맺으면서까지 원하던 게 그거야? 네 계약보다는 차라리 내 계약이 낫다. 아, 아닐지도 모르겠군. 널 보니까 인간이 되고 싶지 않아졌어."

파우스트는 문수를 바라보고 다시 차분하게 말을 가다듬었다.

"난 진리와 진실을 알고 싶었지. 세상 그 누구도 다가가지 못했던 진리를. 그러나 메피스토와 계약을 하고 많은 경험을 하면서 느꼈어. 필요한 건 행동이고 실천이야. 진리를 깨우치면 뭐 하겠나? 구경꾼이 아니라 행동가가 되어야 해. 노력하고 실천해야 하는 거야. 난 지금 피로하고 힘들지만 행복해. 그리고 많은 사람을 행복하게 만들어 주고 있단 말이야!"

파우스트가 메운 바닷물이 어디로 갔나 했더니 문수의 가슴으로 들어왔나 보다. 문수는 가슴속에 슬픔과 무거움이 가득 차오르는 걸 느꼈다. 창밖의 어두운 빛을 받아 가끔 비치는 파우스트의 얼굴은 메피스토보다 강하고 악하고 고집스럽고 섬뜩했다. 이제 악마 수습생들은 모두 파우스트에게 와서 악의 본성을 견학하고 강의를 들어야 할 것 같았다. 진짜 악마는 원래부터 인간의 모습이라고 떠도는 소리가 거짓말이 아니었다. 그런데 갑자기 파우스트가 온몸에 힘을 빼고 몹시 불쌍하고 초라한 늙은이의 표정으로 말을 이어 갔다.

"난 세상 어디든 다 누벼 봤어. 사랑도, 즐거움도, 고통과 허무도 겪었지. 폭풍처럼 인생을 달려온 거지. 오로지 노력만으로 말이야. 운하를 파고 물길을 만들고 땅을 만드니 사람이 모여들고 시장이 만들어졌어. 도시가 세워지고. 우린 바다를 통해 더 넓은 곳을 향해 나아갈 거야. 다른 땅의 가난하고 불행한 사람들까지도 도울 수 있을 거야. 그들에게도 문명의 시대를 열어 줄 거야. 바다를 메워 만든 드넓은 땅에 사람이 모이게 할 거야. 그 땅에서 하루하루 땀 흘려 열심히 살아가는 한 자유로울 수 있는 세계를 만들어 주고 싶어. 그들도 돕고 우리도 이익을 보고. 어때, 멋지지 않아? 폐허에 이렇게 멋진 궁전이 세워진 것처럼 다른 곳도 기적처럼 아름답게 만들 수 있어."

"과연 그럴까? 내가 보기엔 파우스트 당신은 그냥 사업가인 것 같은데. 좀 더 고상한 꿈을 꾸는 지배자이거나. 뭐, 어쨌든 노력하는 한 방황하는 인간이지."

문수는 더 말을 하지 않고 밖으로 나왔다. 그리고 궁전의 꽃병에 꽂혀 있는 가장 아름다운 꽃을 한 아름 가지고 잿더미로 변한 오두막과 보리수가 있던 언덕으로 향했다.

눈먼 꿈

이제 파우스트는 머리가 새하얗게 변하고 누가 봐도 폭삭 늙은 할아버지였다. 하지만 새로운 사람들과 이 세상에서 가장 행복한 나라를 만들겠다는 열망은 날이 갈수록 뜨거워졌다. 이 세상에서의 시간이 얼마 남지 않았기 때문에 오히려 그 열망이 강해졌을지도 몰랐다. 그는 점점 더 근심과 걱정이 늘어 갔다. 그의 늙은 육체가 뜨겁고 초조한 욕망과 죽음에 대한 불안을 견딜 수 없어서였을까? 어느 깊은 밤, 그는 눈이 멀고 말았다.

문수는 그의 변화를 하나하나 지켜보았다. 한 사람의 정신의 변화, 육체의 변화, 그리고 위대하고자 했던 한 인간의 변화를 하나하나 머리와 마음에 새겼다. 그럴 때마다 인간에 대한 미움이 생기기도 했고 한심하기도 했다. 불쌍하기도 했다. 인간의 노력이 무섭기도 하고 존경스럽기도 했다. 파우스트와 인간에 대한 증오가 생길 때마다 그는 박은오 박사와 예현이를 떠올렸다. 필레몬과 바우키스를 떠올리기도 했다. 그들이 교회에 다녀와서 해 준 말을 다시 마음에 새기려고 노력했다. 그들은 누군가의 죄를 미워하지 말라고 했고 그 사람을 나 자신처럼 사랑하라고 했다. 그것이 신이 인간에게 바라는 것이고 인간이 할 수 있는 멋진 일이라고 했다.

'아무 잘못 없는 그레트헨도 죽음으로 몰아넣더니, 할아버지 할머니처럼 마냥 착한 사람들까지 죽였잖아. 그뿐이야? 무리한 공사로 죽고 다친 무수한 사람들, 이렇게 많은 희생자를 만들어 낸 파우스트를 박은오 박사나 예현이처럼 사랑하라고? 아니, 사랑은 뭔지 아직 잘 모르겠으니까 그렇다고 해도 파우스트를 좋아하라고? 왜 그래야 하는 거지? 멋진 인간이 되려고? 쳇, 이건 아니야. 난 파우스트가 무리하게 욕심을 부릴 때부터 건강에 이상이 올 줄 알았어. 최근의 파우스트를 보면서 생기는 건 인내심밖에 없는데. 휴⋯⋯.'

문수는 파우스트와 메피스토를 지켜보며 많은 생각을 하게 됐다. 이러다 자신이 철학자가 될지도 모른다고 쓴웃음을 지으면서 말이다.

파우스트는 눈이 멀었지만 꿈을 그만둘 수는 없었다. 그가 그럴 인물이 아니지 않은가. 오히려 공사에 더 박차를 가하며 재촉했다. 보이지도 않으면서 궁전의 기둥과 문을 더듬어 가며 나와서 매일 공사장으로 향했다.

"모두 내 말을 듣거라! 얼른 삽과 괭이를 잡고 몇 배 더 속도를 내라! 반드시 목표를 달성하란 말이다. 열심히 일하면 너희에게도 좋은 일이 있을 것이다. 빨리 일을 시작해라, 빨리!"

"네, 그러고 말고요. 자, 얘들아, 저쪽 땅을 파러 가자!"

메피스토는 공사장 우두머리 노릇을 하고 있었다. 그는 자신의 부하인 죽은 망령들을 모아 넓은 땅으로 향했다.

"흐흐흐, 자 이쯤이면 된 것 같다. 잔디를 벗겨 내고 땅을 깊게 깊게 파거라. 기다랗고 네모지게 말이야."

"길이는 어느 정도로 팔까요?"

"어이구, 너희 중 가장 긴 녀석에 대충 맞춰. 너희 아버지를 묻었을 때를 기억해서 파란 말이야. 아, 기쁘도다. 이제 나의 축제의 시간이 얼마 남지 않았어. 하하하."

메피스토가 기다랗고 네모나게 파라는 땅은 파우스트가 명령한 공사의 내용이 아니었다. 파우스트가 눈이 멀고 몸도 쇠약해지는 것을 보고 메피스토는 이제 파우스트의 죽음을 맞이할 준비를 하고 있었다. 파우스트 모르게 그를 파묻을 무덤을 만들고 있었다.

"난 저 삽질 소리를 들어야 마음이 편해져. 이제 곧 바다가 땅으로 모두 변하겠지. 튼튼한 제방도 다 완성될 거야. 수로도 곧 만들어질 거고. 보이진 않지만 느낌으론 조금만 더 하면 될 것 같군."

아무것도 모르고 파우스트는 기분이 들뜨고 다시 힘이 솟았다.

그는 힘찬 목소리로 메피스토를 자기 앞으로 불렀다. 메피스토는 음흉한 웃음을 숨기고 겸손한 척 나타났다.

"할 수 있는 한 일할 사람들을 더 긁어모아! 사람이든 유령이든 상관없다. 적절하게 놀게 하고 돈도 쥐여 주고 동시에 엄격하게 일을 시켜! 그들의 노동을 쥐어짜라고! 얼마 남지 않았어. 새로운 행복의 왕국이 말이야. 저 위쪽 산에 가면 커다란 늪이 하나 있어. 그곳의 썩은 물을 모두 빼내게. 그게 아마 마지막 공사 일정이 되겠지. 그러면 많은 사람에게 더 많은 땅을 줄 수 있을 게야. 모두 자유롭게 일하고 평화롭게 살 수 있는 낙원이 되는 거지. 성실한 사람들이 이곳으로 몰려들 걸세. 그동안 이곳을 괴롭혔던 파도와 바다도 이젠 힘을 쓰지 못하지. 안전한 천국이 되는 거라고. 아, 그래. 난 이 뜻을 위해 나의 모든 걸 바친 거야. 맞아, 지혜의 결론은 이거야. 자유도 생명도 날마다 싸워서 얻는 사람만이 누릴 자격이 있다는 것! 여기에서 나는 용감하게 싸워서 자유를 얻는 사람들과 함께 소중한 나날을 보낼 거라네. 자유로운 땅에서 자유로운 백성과 살아가는 거지. 그러면 이 순간을 향해 난 이렇게 말할 수 있을 것 같아. '멈추어라, 순간아. 너 정말 아름답구나!'라고. 난 어떻게 되든 내가 만들어 놓은 이 아름다운 땅을 사라지지 않도록 할 거야. 아…… 난 정말 행복해. 최고의 순간이야."

이렇게 말하자마자 파우스트는 뒤로 쓰러지고 말았다. 메피스토는 얼른 그를 붙잡아 부하 유령들에게 무덤 속으로 옮기라고 했다.

"아, 드디어 말했다. 드디어 약속한 그 말을 했어. 너희도 분명히 들었지? 파우스트가 '멈추어라, 순간아. 너 정말 아름답구나!'라고 했잖아. 그래 넌 드디어 이 세상에 만족했구나. 그동안 어떤 즐거움과 미인과 부귀영화를 주어도 만족하지 못하더니 말이야. 고대 그리스부터 근세까지 그렇게 데리고 다녀도 툴툴거리기만 했지. 그런데 이 녀석은 백 살까지나 살고 이렇게 하찮은 순간을 붙잡으려 하다니! 에고, 불쌍한 녀석! 하하하. 아, 이제 드디어 백발이 되어 모래 위에 쓰러졌구나. 드디어 일은 끝났어. 나의 승리로 말이지. 으하하. 모든 것은 이렇게 허무하게 끝나게 되어 있지. 난 참 허무가 좋단 말이야."

문수는 메피스토와 파우스트의 계약이 생각났다. 동시에 자신과 메피스토의 계약이 떠올랐다. 어쩌면 인간이 된다는 건 악마와 내기하면서 살아가거나 이기거나 지는 게 아닐까 하는 생각이 들었다. 그토록 펄펄 움직이고 열변을 토해 내던 파우스트는 모래 위에서 꼼짝을 하지 않았다. 메피스토는 캥거루처럼 날뛰며 기쁨의 괴성을 지르고 있었다. 시커먼 까마귀들이 메피스토의 기쁨에 맞춰 소리를 내며 하늘을 날아다녔다.

"아이고, 내가 흥분해서 이럴 때가 아니지. 숨이 끊어졌으니 이제 스르르 영혼이 빠져나가려 할 거 아냐. 빨리 계약서를 꺼내야지. 예전에는 참 쉬웠는데 말이지. 영혼이 빠져나오려 할 때 그냥 손아귀로 휙 낚아채기만 하면 됐던 때가 있었어. 그때가 좋았지, 암 그렇고 말고. 요즘은 영혼이 꾸물대면서 몸에서 안 나오려고 하질 않나 가끔 되살아나는 놈도 있질 않나. 자, 굽은 뿔을 가진 악마들아, 곧은 뿔을 가진 악마들아, 너희 악마 가문의 자손들아, 지옥의 입을 열자꾸나. 하하하."

겔에 있던 문수는 그때까지 알고 있던 메피스토와는 다른 모습과 주위 분위기에 소름이 돋았다. 저것이 진정한 악마의 모습이라는 걸 알게 됐다. 유령 부하들도 웅성거리며 부들부들 떨었다. 메피스토의 말에 따라 무시무시한 모습의 지옥의 입이 조금씩 열리고 있었다. 그 안에선 검붉은 불길이 치솟아 오르고 있었다. 영원히 불타고 있는 도시가 보이고 검은 연기가 솟아올랐다. 유황의 불구덩이 속에서 비명을 지르던 자들 중에 가끔 도망쳐 나오려는 자가 있었지만, 곧 지옥의 송곳니에 물어뜯겨 불길에 다시 사로잡히고 말았다.

"역시 고통받는 영혼들의 냄새는 멋져! 얘들아, 이제부터 내가 공을 들인 영혼이 빠져나갈 게다. 날개 달린 영혼이야. 잘 잡아야 해. 잘 잡아서 저 지옥의 구덩이로 몰아넣어라. 아 참, 영혼의 날개를 마구 잡아당겨 뜯어내면 안 돼, 알았지? 어서 너희의 흉측한 발톱을 내밀어 영혼이 도망치지 못하게 하여라! 어서! 오, 내가 이 순간을 얼마나 기다렸는지 아느냐. 하하하."

시뻘건 지옥의 어른거리는 불빛을 받으며 메피스토의 얼굴은 흥분으로 달아오르고 있었다. 문수는 두려움으로 이를 덜덜 떨며 무릎에 힘이 빠졌다. 갑자기 노력과 고민이 가득했던 파우스트가 불쌍하게 여겨졌고 허망하게도 여겨졌다. 언젠가 이렇게 될 걸 알면서도 자신의 꿈을 포기하지 않고 마지막 순간까지 도달하려 했던 파우스트의 훌륭함, 인간의 아름다움을 느끼기도 했다.

푸석한 모래 속에 누워 있는 파우스트, 그리고 악마의 높아 가는 웃음소리와 커다랗게 입을 열고 있는 지옥 앞에 모든 것이 얼어붙어 있었다.

천사와 악마의 대결

그때 오른쪽 하늘 끝에서 영롱하고 황홀한 빛이 비쳤다. 그리고 맑은 목소리가 들려왔다. 부드럽고 하얀 날개를 펄럭이며 수많은 천사가 다가오고 있었다. 문수와 많은 유령들이 입을 벌린 채 하늘을 쳐다보았다. 천사들은 지상에 다가오며 소리를 모아 메피스토에게 말했다.

"그자를 내버려 두어라."

메피스토가 고함을 지르며 발을 구르고 화를 냈다.

"에잇, 지겨운 것들. 저것들이 또 깃털을 날리며 내려오잖아. 이번에도 온갖 무게는 다 잡고 있군. 저 멍청한 것들이 우릴 정신없이 만들어 영혼을 빼앗아 간 게 한두 번이 아니야. 이번엔 어림도 없어. 내가 얼마나 공들인 영혼인데. 얘들아, 정신 차려! 입 벌리고 저것들 쳐다보지 말고 무덤을 지켜. 얼른 무덤을 둘러싸라고! 이번에도 빼앗기면 악마의 수치다!"

작대기 같은 팔을 휘적이며 메피스토가 다급하게 명령했다. 희끄무레한 유령들이 우왕좌왕하며 무덤 주위로 몰려들었다. 메피스토를 만난 후 항상 꿈을 꾸는 듯했지만, 이번에야말로 문수는 정말 꿈을 꾸고 있는 느낌이었다. 악마와 천사의 전쟁이라니.

천사들은 아무런 동요 없이 장미꽃을 땅으로 마구 흩뿌리며 노래를 불렀다. 붉고 달콤한 잎들이 나풀나풀 하늘을 날아다녔다.

"향기로운 장미들아, 춤을 추면서 꽃을 피우렴. 봉오리를 열어 보렴. 봄을 불러 줘, 상냥하고 빛나는 봄을 불러 줘, 장미들아. 천국을 불러 줘."

"흥! 저따위 꽃들 맘대로 뿌리라고 해. 너희는 어서 자리를 지키라고! 얼빠진 악마들아! 저 꽃들이야 악마의 콧김으로도 다 시들어 버린다고. 크크크. 이것 봐. 후 하고 불기만 해도 불타 버리잖아. 정신 차리고 어리숙한 천사들에게 맞서 싸워!"

몇몇 장미꽃이 시들고 말라 죽었지만 천사들은 아랑곳하지 않았다. 그들은 더 많은 꽃잎과 장미를 뿌리면서 즐겁고 흥겹게 노래를 부르며 악마들 위를 날아다녔다.

"예쁜 꽃들아, 이 땅에 기쁨을 나눠 주렴. 사랑을 전하렴. 빛과 진실을 전하렴, 예쁜 장미꽃들아. 사랑만이 천국으로 인도하지요."

하늘은 온통 꽃과 천사로 뒤덮였다. 메피스토는 부하들에게 욕설을 퍼붓고 들러붙는 꽃잎을 쳐내기 시작했다. 그는 꽃잎의 수만큼이나 많은 욕과 저주와 악을 질러 댔는데, 문수에게 입력된 어떤 데이터에도 없는 아주 더러운 말들이었다. 그 말들을 조금만 더 듣다가는 누구라도 저절로 악마가 될 게 분명했다. 다행히 천사들은 그 말을 못 알아듣는지 유쾌하게 춤을 추고 원을 그리고 미소를 지으며 점점 지상으로 다가오고 있었다.

"사랑의 꽃들아, 사랑의 빛들아, 우리 밝은 곳으로 가자. 진리는 구원해 줄 거야. 사랑이 악에서 구해 줄 거야. 축복해 줄 거야. 자, 성스러움에 휩싸인 자여, 스스로 느껴라. 복을 받은 자여, 스스로 느껴라. 하늘은 꽃들이 모두 맑게 만들었지. 그러니 영혼이여, 숨을 쉬어라. 영들의 세계에서 고귀한 한 사람이 악으로부터 구원되었도다. 언제나 갈망하여 애쓰는 자, 그를 우리는 구원할 수 있다. 그에겐 천상으로부터 사랑의 은총이 내려졌으니, 축복받은 무리가 그를 진심으로 환영하게 되리라."

메피스토가 악다구니로 부하들을 때리며 재촉하는 것과는 아무 상관 없이 파우스트의 영혼은 천사들과 함께 하늘로 오르고 있었다. 이 모습을 지켜보며 메피스토는 땅을 치고 울부짖었다.

"아이고, 억울해라! 말도 안 돼! 저 멍청하고 포동포동한 천사들에게 또 당하다니! 저 어린 것들에게도 당하다니! 억울해라, 억울해. 파우스트는 내 것인데. 그게 계약이었는데. 나를 또 속이다니! 아이고, 천사들에게 당하는 악마라니 창피하고 부끄러워 죽을 지경이군.

아이고, 아이고, 저 악마 같은 것들! 내 거 내놓으란 말이야, 이 강도 같은 천사들아! 약속을 지키란 말이다. 악마의 것을 도둑질하는 나쁜 것들. 최악이다, 최악이야! 아이고, 억울해라."

너무나 갑작스럽고 꿈같은 일들이 한순간에 일어났다. 망령이든 악마의 부하들이든 문수든 멍하니 서 있을 뿐이었다. 그리고 조금이라도 생각이 있는 것들은 얼마 후에 메피스토가 한바탕 난리를 피울 걸 예상하고 하나둘씩 슬그머니 도망치기 시작했다.

문수도 더 구경할 건 없을 것 같아 자리를 뜨려는 순간이었다. 뒤에서 차갑고 축축한 무엇인가가 그의 손목을 꽉 움켜쥐었다. 메피스토였다. 그는 음흉한 웃음으로 얼굴을 일그러뜨리고 있었다.

"이건 이렇게 된 거야. 자, 넌 파우스트에게 많은 걸 배울 수 있었니? 네가 성숙한 인간이 되는 데 많은 도움을 주었을 거야, 분명히. 사실 나도 파우스트에게 많은 걸 배웠거든. 절대로 다시는 천사나 신에게 사기당하지 말아야 한다는 걸 말이지. 흐흐흐. 네가 파우스트를 지켜보고 싶어 했지? 난 그를 다시는 떠올리기 싫지만 오로지 너를 위해서 다시 이곳으로 온 거야. 아, 정말 노력하는 악마 아니니? 감동적인 악마지. 이제 우리의 계약에 관해 이야기할 때가 온 것 같아. 어때? 너도 알고 있겠지? 흐흐흐."

문수는 아무 표정 없이 메피스토를 물끄러미 올려다볼 뿐이었다.

인간이 되기로 한 이상 방황한다

박은오 박사의 실험실로 돌아온 문수는 한동안 거의 말을 하지 않았다. 박사 역시 말을 하지 않았다. 가끔 박사가 치우지 않은 그릇에 걸려 넘어질 때나 실험 용액을 엎지를 때 "어이쿠!" 우당탕하는 것을 빼고는 소리가 없었다. 길고양이들과 풀벌레 소리가 어느 때보다 크게 들렸다.

아무 말을 하지 않아도 그들은 서로 무슨 생각을 하고 있는지 잘 알고 있었다. 그러므로 오히려 아무 말도 할 수 없었다. 그동안의 일들이 꿈이든 가상 현실이든 또 다른 은하계에서 일어났든 한 편의 영화를 본 것이든 상관없었다. 하지만 갑자기 모든 것이 현실이 되어버렸다. 그것도 아주 지독하고 혹독한 현실 말이다.

과학적으로 설명하자면 그동안 문수는 육체적으로 인간에 가까웠지만, 인간으로 살지 않고 계속 호문쿨루스로만 생활했기 때문에 인간으로 적응하지 못했던 것이 분명했다. 사실 그럴 의지도 없었다. 그가 인간이 되고 싶다고 한 건 거의 입력된 주문에 가까웠으니까. 초현실적으로 설명하자면 그는 가장 완벽한 인간이 되고자 하는 파우스트라는 인간의 경험을 통해 더는 인간이 아니라고 해도 인간이 될 수밖에 없는 내적이고 영적인 변화를 경험했던 것이다. 다른 분야에서의 분석도 가능하겠지만 그게 무슨 소용이 있겠는가. 박사의 검사 결과 문수는 인간으로의 생체 활동과 정서 능력을 모두 갖추고 있었다. 그리고 그들에게는 메피스토와 맺은 계약서가 있었다.

최근에 메피스토가 실험실에 나타나지 않는 것에 대해 박사는 메피스토 역시 우리 꿈 중의 일부였다며 그런 건 없다고까지 말하기도 했다. 하지만 문수는 들은 척도 하지 않았다.

"엄마, 심리학에 그런 거 있지? 사람은 너무나 견디기 힘든 상황이 닥치면 그걸 피하려고 한다잖아. 가족이 죽어도 그럴 리 없다며 꿈이라고 부정하고 그런다지? 지금 엄마가 딱 그런 상태거든. 그건 아니야, 이럴 때일수록 정신 차려."

"넌 정말 재수 없는 녀석이야. 심리학에서 하나는 듣고 둘은 못 들었니? 이럴 땐 서로 위로하고 토닥여 주는 거야."

"피하려 하지 마. 맞서라고!"

말은 그렇게 했지만 문수 역시 어떻게 하는 것이 피하지 않고 맞서는 것인지 알 수 없었다. 메피스토가 언제 나타날지 하루하루 초조하게 기다려야 하는 걸까? 그를 피해 도망을 가야 하는 걸까? 아니면 자신이 죽을 때까지 기다렸다가 그 영혼을 지옥으로 가져가려는 걸까? 어쩌면 그놈은 죽음까지 기다리지 않고 자신뿐 아니라 박사의 영혼까지도 가져가려 하는지 모른다. 불안은 사람을 병들게 한다. 이건 사람뿐 아니라 얼마 전에 사람이 된 호문쿨루스에게도 마찬가지였다.

문수는 밤마다 악몽에 시달렸다. 메피스토가 자신을 끌고 지옥의 불 속으로 끌고 가는 꿈, 예현이가 호문쿨루스였던 자신과는 더 이상 만나지 않겠다는 꿈, 모래 언덕에서 필레몬과 바우키스와 함께 불타서 죽는 꿈, 악귀들과 함께 파우스트의 무덤을 파는 꿈……

그날도 허깨비들이 쫓아오는 꿈을 꾸다 소리를 지르며 일어났다. 식은땀으로 몸이 흥건했다. 악몽을 꾸고 그걸 두려워하고 땀으로 흠뻑 젖는 인간적인 모습을 메피스토가 봤다면 당장 기뻐하며 그의 영혼을 빼앗아 갈 것 같아 깨어난 다음에도 괴롭고 무서웠다. 혹시 메피스토가 있는지 주의를 두리번거리는 버릇도 생겼다. 박사가 놀라서 문수에게 다가왔다.

"왜 그래? 또 악몽을 꿨구나. 자, 땀을 닦아 줄게. 이런, 이불까지 다 젖었네. 다른 사람들이 봤다면 너 오줌 싼 줄 알 거야. 이불 좀 갈자꾸나."

박사는 조용하고 부드러운 손길로 문수를 어루만져 주었다. 그녀의 작은 농담에 문수는 마음이 편안해졌다.

"이제 좀 편안해졌지? 뽀송뽀송하니까 기분도 훨씬 낫고."

"응, 엄마. 오늘도 메피스토는 안 왔지?"

"이런 겁쟁이. 걱정하지 마. 내가 하늘나라 이야기를 해 줄게. 메피스토가 등장하지 않는 하늘나라의 파우스트 이야기 말이야."

문수는 드러내 놓고 얼굴을 찌푸리며 신경질을 부렸다.

"날 괴롭히려고 온 거야? 엄마도 힘들면서 왜 하필 파우스트냐고. 그보다는 개구리 왕자나 신데렐라 이야기를 듣는 게 나아."

박사는 누워 있는 문수의 이마를 부드럽게 쓰다듬었다.

"알아, 잘 알고말고. 우리는 언제 악마가 우리의 영혼을 요구하러 나타날지 몰라 덜덜 떨면서 지냈지. 넌 악몽을 꾸고 난 잠을 못 자면서 말이야. 이러다가는 곧 새까맣게 말라죽을 거 같더라고. 이걸 누가 제일 좋아할까? 우리 둘 다 힘겨워서 점점 약해지고 절망하는 걸."

"악마 놈이겠지."

"그러니까. 근데 지금까지 우리가 한 일을 생각해 보라고. 정상적이야? 아니지? 절대 아니지? 풍차를 향해 창을 들고 공격하는 돈키호테처럼 우린 달려왔다고. 너 대체 몇 번이나 죽을 뻔했어? 나도 마찬가지고. 파우스트만 끊임없이 노력했어? 우리도 그만큼 했어. 무서워할 필요 없어. 악마, 나타나기만 해 봐. 파리 잡듯이 잡아 버릴 거야."

"지금 보니까 악마보다 엄마가 더 무섭다."

"알았으면 됐어. 호호호. 파우스트는 우리처럼 메피스토와 계약을 했고 넌 그의 모험을 지켜보거나 겪었어. 그의 영혼이 천사들에게 이끌려 천상에 갔다고는 했지만 마지막까진 가보지 못했잖아. 책으로나마 끝까지 가 보자. 우린 근성 있는 엄마와 아들이니까. 게다가 하늘나라 이야기가 참 아름다워서 위로가 많이 되더라. 그래서 네게 얘기해 주고 싶었던 거야."

"응, 알았어. 어차피 인간이 되기로 한 이상 방황하기 마련이 겠지."

* * *

파우스트의 영혼을 메피스토에게서 빼앗아 천사들은 하늘 높이 오르고 있었다. 천사들은 고귀한 분이 악마에게서 구원받았다고 알렸다. 그들은 깊은 산과 깊은 골짜기마다 외쳤다.

"언제나 끊임없이 노력하는 자는 구원을 받는다."

"하늘에서 사랑의 은총까지 받은 분이라면 더더욱 반갑게 맞이하지."

파우스트의 영혼을 안고 가는 천사들 뒤를 따라오는 조그마한 아기 천사들도 재잘거리기 시작했다.

"우리가 이겼어요. 성스럽고 사랑스러운 여인들이 전해 준 그

장미가 악마를 이기는 데 큰 도움을 줬어요. 우리가 꽃을 뿌리자 악마들이 정신 못 차리고 도망치는 거 봤어요? 와, 우리 만세를 불러요."

아기 천사의 말이 철없이 느껴졌는지 성숙한 천사가 점잖게 타일렀다.

"욕망과 명예에 물든 이런 영혼을 하늘로 나르는 일은 정말 어려워. 그래도 하늘의 축복을 받은 소년들이 기쁜 마음으로 우릴 맞이하고 있군. 저기 마리아를 숭배하는 박사가 우리에게 힘이 나는 말을 해 줄 거야."

과연 마리아를 숭배하는 박사는 마리아의 자비와 사랑을 칭송하고 마리아의 거룩함을 찬양했고, 이어서 영광의 성모 마리아가 하늘 높이 떠올랐다. 그 뒤를 따라 자신의 죄를 반성하는 여인들이 두 손을 공손하게 모아 기도를 올리고 은혜를 베풀어 달라고 빌었다. 참 성스럽고 아름답고 황홀한 광경이었다. 이때 죄를 반성하는 여인 중 하나가 앞으로 조금 나와 작지만 간절한 목소리로 기도를 올렸다.

"제발 신이시여, 마리아 님이시여, 굽어살펴 주세요. 예전에 제가 사랑했던 분, 그분이 돌아오고 있어요."

절절하게 기도를 올리고 있던 여인은 바로 이 세상에서 그레트헨으로 불렸던 그 여인이었다.

"아, 지상에서 저와 인연이 있던 저분을 제가 가르치게 해 주세요. 천사들에게 둘러싸여 이곳으로 오고 있는 저분은 이곳의 빛이 낯설고 눈부실 거예요."

예전에 그레트헨이었던 여인의 부탁을 천상의 많은 이들이 도와주었다. 천상의 어린 소년들은 파우스트의 영혼이 자신들에게 많은 걸 가르쳐 줄 수 있을 것이고 많이 배우겠다고 했다. 마리아를 숭배하는 박사는 고개를 들어 올려 그레트헨의 기도가 이루어질 수 있도록 요청하였다.

"그렇습니다. 착한 영혼이라면 누구나 당신을 섬길 겁니다. 마리아 님이시여, 자비를 베풀어 주세요."

이윽고 신비로운 빛과 함께 성모 마리아의 목소리가 들려왔다.

"자, 그이를 이 높은 곳으로 인도하라. 예전에 그레트헨이라 불렸던 너를 안다면 분명 그도 네 뒤를 따를 것이니라."

모두가 감사와 영광의 기도를 올리며 합창을 했다.

"도저히 이룰 수 없는 것들이 이곳에서 이루어진다. 말로는 할 수 없는 것들이 이곳에서 이루어진다. 영원히 여성적인 것이 우리를 이끌 것이다. 영원히 여성적인 것이!"

-《파우스트》2부 5막

＊ ＊ ＊

"그럼 파우스트는 결국 그레트헨에게 용서와 구원을 받았겠군. 내가 그레트헨이라면 절대로 그렇게 하지 않았을 텐데. 그 여자라면 그럴 것 같기도 해. 자기 자신의 성취보다 도덕적인 것과 구원을 원하는 것 같으니까. 파우스트는 오로지 자신의 꿈만을 추구하고 그 것만이 가장 성스러운 거라고 믿었는데, 난 그게 참 이상하기도 하고 어른스럽지도 않은 거 같아. 자기가 이룩한 것만 생각하잖아. 그 와중에 얼마나 많은 나쁜 일들이 있었는데 말이야. 뭐, 그건 그 사람 문제겠지만. 그런데 엄마, '영원히 여성적인 것이 우리를 이끈다'는 게 대체 무슨 말이야? 여성도 아니고 여성적인 것이 뭐지? 수수께끼 같아."

"음…… 딱 꼬집어서 말하긴 어려운데……."

"과학자라도 세계적인 문학은 좀 알아야 하지 않겠어?"

"쳇, 너야말로 문학을 모르는 소리만 하는구나. 위대한 예술 작품은 결코 완전하게 이해될 수 없는 거야. 계속 새롭게 읽히고 새로운 맛과 멋을 낼 수 있어야 하는 거지."

"그래서?"

"여성이 우리를 이끄는 것이 아니라 여성적인 것이니까 아마 그레트헨에서부터 헬레네, 천상의 천사들, 성모 마리아까지 생각할 수 있을 것 같아. 순수함과 숭고함, 사랑과 희망, 생명 아닐까? 파우스트가 가진 진리에 대한 욕망이 아니라 부드럽고 따스하고 밝은 진리 말이야.”

“음…… 파우스트는 그렇다고 하고 우린 이제 어떻게 되는 걸까?”

박사는 한참 동안 물끄러미 문수를 바라보다가 말문을 열었다.

“우리는 우리의 최선을 다했잖아. 난 그걸로 됐어. 넌 누구보다 아름답고 용감하고 멋진 사람이잖아. 그런 사람과 함께한 것에 감사할 뿐이야. 네가 많은 어려움도 겪고 아직 많은 의문과 방황에 휩싸여 있지만 그건 그 나름대로 훌륭한 거야. 의문과 방황이란 가장 인간다운 것이고 가장 올바른 인간의 길이니까. 넌 너무 파우스트에 대해 냉정하더라. 파우스트도 끊임없이 노력하면서 많은 실수와 실패를 겪었지만 항상 더 나아지려고 했기 때문에 그레트헨 혹은 천사들로부터 구원받을 수 있었던 거 아닐까?”

“갑자기 구원이니 뭐니 신을 믿는 사람처럼 굴지 마. 엄마는 그레트헨이 아니라고.”

“하하하. 그래, 들켰나? 사실 이 말은 내가 한 게 아니라 괴테 선생님이 한 말이지. 사람들이 대체 《파우스트》에서 뭘 말하려고 한 거냐고 물었을 때 말이야.”

“어쩐지 엄마가 하기엔 너무 멋진 말이었어.”

그때였다. 갑자기 깨진 창문과 비뚤어진 문이 덜컹거리며 검은 바람이 몰아쳤다. 한밤중도 아닌데 주위가 컴컴해졌다. 퀴퀴하고 습한 공기가 돌고 시커먼 모습이 점점 드러났다. 메피스토였다.

6

영원히
여성적인 것이
우리를 이끈다

메피스토는 어느 때보다 괴상망측한 웃음소리를 내며 그들에게 다가
왔다.

　"친구들, 오랜만이야. 파우스트의 영혼을 히죽거리는 천사 녀석
들에게 빼앗긴 아픔을 다시 맛봐야 했지만 그동안 우리 참 즐거웠
지? 문수를 이렇게 멋진 소년으로 만든 건 바로 나의 덕이지. 잘 알겠
지만 말이야."

　메피스토는 송곳처럼 뾰족한 손톱으로 문수의 턱을 만지작거리
며 입을 씰룩거렸다.

　박사와 문수는 얼굴이 창백하다 못해 푸르스름해졌다. 등골이
오싹했다. 순간 박사는 승리를 거둔 슈퍼맨과 같은 포즈로 팔짱을 끼
고 문수와 메피스토 사이에 우뚝 섰다.

　"야, 너 말 잘했다. 문수는 보다시피 미성년자야. 내가 법적 보호
자로 되어 있고. 지옥에서 그 정도는 배웠겠지? 따라서 문수가 찍은
그 계약서는 무효야, 무효! 미성년자는 법적인 계약을 할 수가 없어!

따라서 계약은 원래대로 나와 너 사이에 이루어질 거다. 알았니?"

메피스토는 어깨를 으쓱하며 키득거렸다.

"아무나 상관없어. 혹시 둘이 떨어지기 싫다면 둘 다 함께 나의 지옥으로 가도 좋고 말이야. 아, 그곳은 중세도 아니고 근대도 아니라 신을 믿는 인간도 없고 천사도 함부로 내려올 수도 없고, 너무 좋아. 신난다. 난 둘 중 아무라도 좋다고. 너희 둘이 알아서 하렴. 그 정도는 너그러운 내가 봐줄 수 있어. 크크크. 그 과정에서 서로 싸우고 울고불고 한다면 더 좋고."

"흥! 그래도 좀 더 기다려야 해. 난 아직 죽기엔 너무 젊고 어리거든."

"오우! 그건 아니지. 난 너희 둘 중 누구든 상관없지만 지금 당장 데려가려고 온 거야. 계약 생각 안 나? 얘는 이미 너무나 자연스러운 인간이 되었다고. 넌 사실 과학자로서 파우스트가 이루고 싶어 했던 그 많은 꿈들을 다 이루었어. 그러니 욕심 더 부리지 말고 함께 불길이 타오르는 지옥으로 행진하자고."

문수가 벌떡 일어나 소리를 질렀다.

"난 이미 세상을 다 알았어. 고대에서 근대까지, 사랑에서 고통과 죽음까지 말이야. 인간이 끝까지 놓치지 말아야 할 삶에 대한 의문과 노력의 의미, 구원까지 말이지. 난 충분해. 인간으로든 그 무엇으로든. 그러나 박은오 박사는 아직 멀었지. 여기 남아서 저 엉터리 연구를 더 해야 한다고. 그러니 내가 가겠어. 네 계약서에도 내 피가 묻었지? 너야말로 계약서대로 잘 지켜."

목소리 큰 박사와 예전에 인조인간이었지만 지금은 인간이 된 문수, 그리고 악마는 계약서를 여기 던졌다 저기 던졌다 네가 간다, 내가 간다, 모두 함께 가자, 일단 악마 너는 꺼져라, 가 있으면 알아서 지옥을 찾아 가겠다 등등 싸우기 시작했다. 이 싸움은 시작은 있었지만 끝은 나지 않았다. 점점 더 격렬해지고 치사해지고 쪼잔해졌다.

"야, 문수, 네가 지옥에 가려거든 지금까지 네게 들인 양육비, 교육비, 주거비와 숙박비 다 계산하고 가! 넌 여기 남아서 내 빚을 다 갚아야 해. 내 무덤도 돌봐야 하고!"

"내가 편안한 인간이 되고 싶다고 했지 언제 죽을 고생하고 인간으로 만들어 달라고 했어? 그동안 나한테 시킨 고생이면 지옥이 오히려 편할 거야. 내버려 둬!"

"이것들이. 빨랑 지옥에나 가자고!"

"집수리 제때 했으면 이따위 악마가 안 들어 올 거 아냐. 엄마는 여기 남아서 집수리나 해. 아니면 날 지옥에서 구해 올 연구를 하라고! 매일 자랑했잖아, 엄마는 천재라고!"

"난 됐어. 늙어서 이젠 비커 눈금도 제대로 안 보인다고. 내가 갈 거야."

드디어 말로는 안 되겠는지 종이가 날아다니고 슬리퍼를 발로 차고 메피스토는 머리를 쥐어뜯고 그 사이로 어느 틈엔가 계약서도 날아다니고 있었다. 난장판인 집 안이 더욱 난장판이 되고 있었다.

그때 갑자기 낯설고 쩌렁쩌렁한 고함소리가 들려왔다.

"이게 뭣들 하는 거예요!"

느닷없는 소리에 문수와 박사, 메피스토는 뒤를 돌아보았다. 은테 안경 사이로 날카로운 눈빛을 내쏘며 검은 가방을 든 여자가 그들 앞에 서 있었다. 그리고 그 뒤에는 훌쩍거리며 예현이가 서 있었다.

"저…… 누구신지?"

박사가 고개를 내밀며 더듬더듬 말했다.

"어, 엄마, 저, 저분은 우리 반 담임 선생님이셔."

"다, 담임 선생님? 학교 선생님?"

은테 안경을 쓴 여자는 안경을 추켜올리더니 그들을 향해 다가왔다.

"문수 어머님이시죠? 학부모 상담에도 안 오시고 공개 수업에도 안 오시고 어머니회에도 안 나오신 문수 어머님? 처음 뵙겠어요. 문수 담임입니다."

"네? 아, 그렇군요. 처음 뵙겠습니다. 반갑습니다."

이건 또 무슨 꿈같은 일인지 모르겠지만 박사는 우선 얼떨결에 고개를 숙여 인사를 했다. 그러나 담임 선생님은 딱딱하고 엄격한 표정으로 악마와 문수, 박사를 위아래로 훑어보더니 길고 긴 연설을 시작했다.

"이곳이 지금 한참 예민한 학생에게 적절한 환경이라고 생각하십니까? 문수가 몸이 너무 안 좋아서 학교에 못 나오는 건 어쩔 수 없었습니다. 그러다 조금씩 몸이 좋아지고 성적은 엉망이었지만 친구들과도 잘 지내서 참 기뻤죠. 그런데 지금 이게 뭡니까? 이렇게 문수가 건강한데 또 학교에 안 보내시는 건 어떤 이유에서지요? 밖에서 듣기에 여기 이분이 집 주인 되시는 거 같던데 집 계약 문제로 이렇게 난리를 피우는 상황에 아드님을 방치해 두시다니요. 문수가 얼마나 힘들었겠습니까? 그러니까 문수도 고래고래 소리를 지르지 않았습니까. 건강 때문에 학교에도 못 보내신다는 분이 이게 말이 된다고 생각하세요? 상식적으로 이건 말이 안 돼요. 부모로서 책임을 다하지 못하고 있는 거고요. 여기 계신 집주인도 미성년자를 향해 지옥에나 떨어지라는 둥 그런 소리를 하시면 아동 학대에 해당합니다."

문수와 박사는 어안이 벙벙해서 아무 소리도 할 수 없었다. 하지만 더욱 난감해진 것은 악마 메피스토였다. 갑자기 더럽고 허물어진 집의 주인으로 신분이 바뀐 그는 한바탕 이어지는 잔소리에 법적인 절차와 합리적이고 바람직한 세입자와 집주인 사이의 관계에 대해 기나긴 설교를 들어야 했다. 집을 세준 후에 집주인이 고쳐 줘야 할 것과 세 든 사람이 고치며 살아야 할 것들의 항목에 대해서도 일일이

새겨들어야 했다. 그뿐만 아니라 자라나는 청소년의 정서에 도움을 주는 행위와 올바른 이웃 어른으로서의 행실에 대해서도 주의를 들었다. 메피스토는 이를 부드득 갈며 어떻게 해서든 악마인 자신을 밝히고 겁을 줄 틈을 노려봤지만 담임 선생님은 단 한순간의 틈도 주지 않았다. 그러다 드디어 다시 한번 선생이 안경을 추켜올리는 순간 메피스토는 더럽고 냄새나는 외투를 활짝 펼치며 소리쳤다.

"어리석은 인간들아, 까불지 마라! 감히 지옥의 지배자 악마에게 떠들어 대다니. 가만있지 않겠다!"

그러나 담임 선생님은 마음을 단단히 먹고 온 모양이었다. 그동안 수많은 개구쟁이와 말썽꾸러기를 다루며 교탁을 지배하던 우렁찬 목소리로 메피스토를 제압해 버렸다.

"그러니까! 집을 이렇게 지옥으로 만들면 자라나는 아이 정서에 좋지 않다고 몇 번을 말했습니까? 이해 못 하셨어요? 오죽하면 문수가 집수리 어쩌고저쩌고 소리를 질렀겠습니까. 양심 있는 집주인인지 가슴에 손을 얹고 생각하세요! 이런 집에선 누구라도 죽을 고생을 할 수밖에 없을 겁니다. 당신이 내 학생이면 당장 손들고 있게 하고 싶군요. 당신 집도 이렇게 엉망으로 더럽게 하고 문이나 지붕도 안 고치고 사나요? 당신도 당신 아들 앞에서 누군가 지옥에나 가라고 말하면 좋겠어요?"

메피스토는 담임 선생님의 기에 눌려 자신도 모르게 어느새 가슴에 손을 얹고 있었다. 그는 무엇을 어떻게 해야 할지 모르겠지만 이곳을 벗어날 수만 있다면 꼴도 보기 싫었던 천사라도 따라가고 싶었다. 그런데 천사란 녀석은 이럴 때는 꼭 나타나질 않았다.

문수는 서둘러 컵에 물을 따라 담임 선생님에게 가져다주었다. 메피스토와 박사는 문수를 슬쩍 째려보고 선생이 물을 들이켜는 걸 보며 두려움에 떨었다. 저 물을 마시면 목소리가 더 우렁차지는 건 아닌지, 또다시 힘을 내어 처음부터 설교를 시작하는 건 아닌지 걱정이 되었다. 항상 불길한 예상은 들어맞기 마련이다. 담임 선생님은 단숨에 물을 다 마시더니 이번엔 박사를 향해 그동안 쌓였던 일들과 교육의 의미와 중요성, 문수의 장래에 대해 늘어놓기 시작했다.

"어머니!"

"네? 네."

"이 컵을 좀 보세요. 여기 먼지와 때가 잔뜩 낀 거 보이시죠? 왜 문수가 그렇게 건강하지 않은지 기운이 없는지 생각해 보셨어요? 혹시 이러한 환경이 문수의 병을 더 악화시키진 않는지 생각해 보셨어요?"

이렇게 시간은 흐르고 흘렀다. 아니, 시간이 멈춰 버린 것 같았다. 메피스토는 무슨 일이 있더라도 선생님이란 직업을 가진 인간들과는 계약을 맺거나 만나지 말아야겠다고 다짐했다. 특히 문수의 담임 선생님이라면 공짜로 영혼을 주겠다고 해도 함께 고이 되돌려 주겠다고 생각했다. 이분은 지옥의 모든 악마들을 반드시 착한 어린이로 만들고 말리라.

인류가 만들어 낸 모든 종류의 교훈이 쏟아져 나오고 있었다. 청소와 환경, 아름다운 말 사용하기, 화내지 않기, 자식에게 책임과 사랑의 마음 갖기 등. 어른으로서 모범적인 행동을 해야 하고, 어른도 제대로 된 어른이 되기 위해 늘 교육을 받아야 한다는 것도.

문수는 의자에 앉아 열심히 혼나고 있는 박사와 어쩔 줄 몰라 하는 메피스토를 구경하다가 예현이에게로 눈을 돌렸다. 예현이는 아직도 눈물을 글썽이고 있었다. 대충 어떻게 된 상황인지 짐작할 수 있었다. 그동안 학교생활을 열심히 했는데 파우스트를 지켜본다고 얼마간 학교에 계속 나가지 못했으니 예현이는 분명 걱정을 많이 했을 거다. 가끔 실험실에 들렀겠지만 박사는 신경도 안 썼을 테고, 문수는 보이지도 않으니 점점 마음이 심란했을 거다. 결국 담임 선생님과 함께 오면서 밖에서 고함치는 몇 마디를 듣고는 온갖 상상을 하며 '불쌍한 문수……' 이러면서 울음을 터뜨린 게 분명했다.

그는 예현이에게 다가가 어깨를 툭툭 치며 얘기했다.

"왜 우니? 아무것도 아니야. 저 못생긴 아저씨가 성격이 나빠서 가끔 저래. 신경 쓸 일 하나도 없어. 아무래도 내일 아침까진 선생님께서 계속 말씀하실 거 같으니 여기 앉아서 들어. 다리 아파."

문수는 넘어져 있던 의자를 일으켜 예현이의 옆에 갖다 놓았다.

예현이는 싱긋 웃으며 앉으려다가 멈칫했다. 간장 같은 액체와 먼지, 알 수 없는 얼룩이 잔뜩 보였다. 새로 입은 바지가 더러워질 것 같았다. 예현이는 바닥에 버려진 종이를 집어 들어 의자를 박박 닦고는 구겼다. 아무리 봐도 쓰레기통이 보이지 않아 자신의 바지 주머니에 쑤셔 넣었다. 아무 데나 휙 버린다고 더 더러워 보이지도 않겠지만 말이다.

그때 메피스토는 좀 전까지 박사와 문수와 자신의 사이를 오가던 계약서가 보이지 않는다는 사실을 깨달았다.

'에잇, 저 마귀할멈 같은 선생 때문에 내가 정신이 나갔군. 자, 찾아보자. 아까 여기에 뒀는데…… 음…… 어딨지?'

"아저씨! 지금 뭐 하시는 거예요? 지금 얼마나 중요한 얘기를 하고 있는 줄 아세요? 하긴 집주인에게 더 이상 할 말은 없군요. 그럼 어서 가세요. 우리는 교육과 미래에 대해 좀 더 얘기를 나눠야 해요."

"응? 네? 아니, 그런 게 아니라……."

메피스토는 선생을 빨리 피하고 싶었지만 계약서는 더 빨리 찾아야 했다. 아무리 악마라지만 계약서도 없이 마음대로 할 수는 없지 않은가. 그는 안절부절 어쩔 줄 몰라 발만 동동 굴렀다.

"어서 여기 수리할 창문과 기와, 시멘트나 좀 알아봐요! 어서요!"

일단 그는 슬그머니 나가 이 사태가 끝나기를 기다리기로 했다. 아니면 마녀의 빗자루로 귓속을 청소라도 하고 오든지. 그가 사라지

자 담임 선생님은 문수에게로 다가와 머리를 부드럽게 쓰다듬었다. 하지만 말투는 엄격했다.

"어머니는 지금부터 청소를 해 주세요. 저는 문수와 예현이와 함께 학교로 가겠습니다."

"네? 학교요?"

"그래, 지난번 네 성적은 내가 다시 얘기 안 해 줘도 잘 알고 있지? 그리고선 넌 계속 결석이었어. 그런데 이제 건강한 거 같으니 보충을 해야 하지 않겠니? 예현이도 네가 공부하는 걸 같이 도와준다고 했단다. 자, 같이 가자, 당장."

"아니, 저…… 선생님. 예현아, 그게 아직은 제가 처리해야 할 일이 있어서……."

담임 선생님은 화를 참는 듯 안경을 고쳐 쓰고는 문수의 팔을 잡아끌었다.

"뭐? 처리할 일? 그래, 학생으로서 네가 가장 먼저 처리할 일이 있지. 다음엔 전 과목 빵점을 받게 둘 수는 없어. 이 일보다 먼저 처리할 일은 없어. 자, 어머니, 그럼 저희는 이만."

선생님은 힘껏 문수를 잡아끌었다.

"엄마, 저 좀 도와줘요. 이럴 때가 아닌데 아……."

"그래, 이 선생님이 도와준다고 했잖아. 널 꼴찌에서 구원해 주마."

"영원히 여성적인 것이 우리를 이끈다는 게 이런 건가요? 엄마, 나 끌려가잖아요. 어떻게 좀 해 봐요."

"그래, 아무래도 영원히 여성적인 것이 널 이끌겠구나. 선생님, 예현아, 우리 문수 잘 부탁해요."

문수는 박사에게 도움을 요청했지만 그대로 질질 끌려 나갔다. 예현이는 그 뒤를 졸졸 따라가며 (한때 메피스토와 문수의 계약서였던) 의자를 닦은 종이를 학교 소각장에 버리면 되겠다고 생각했다. 기왓장이 들썩거릴 정도로 시끄러웠던 실험실이 갑자기 고요해졌다. 실험실 밖으로 나간 메피스토는 없어진 계약서를 찾기 위해 지옥과 하늘과 바다 속까지 사방을 정신없이 쏘다녔다.

'그래 문수야, 선생님이랑 열심히 공부해. 엄마도 너와 함께 행복하도록 노력할게. 영원히 여성적인 것이 우리를 이끌든 끊임없이 노력하는 자만이 실패를 벗어날 수 있든, 무엇이 옳은지 몰라서 아마 우린 뭔가를 계속하는 걸 거야.'

박사는 다시 실험대 앞으로 갔다.

부록

　우리나라에서 정신적이고 문화적인 면에서 가장 큰 영향을 준 사람을 묻는다면 대부분 세종대왕을 이야기할 것이다. 영국에선 셰익스피어를, 스페인에선 세르반테스를, 러시아에선 톨스토이나 도스토옙스키를 말하지 않을까? 그리고 독일인 혹은 유럽인에게 이러한 인물을 묻는다면 아주 많은 사람이 괴테를 언급할 것이다.

　우리에게 괴테는 유명한 독일 작가, 또는 《젊은 베르테르의 슬픔》을 쓴 소설가로 많이 알려져 있다. 틀린 말은 아니지만 지극히 일부에 지나지 않아 맞는 말이라고 하기도 어려울 것이다. 괴테는 독일 문화의 중심점이자 세계 문학에서 반드시 짚고 넘어가야 할 작가이다. 또한 서구 예술과 정신에서 괴테를 이해하지 않고는 근대와 현대라는 시대를 제대로 이해할 수 없다.

　1749년에 태어나 1832년까지 살았던 괴테의 시기는 서양 역사에서도 급격한 변화가 있었다. 영국에선 산업 혁명으로 방적기와 증기 기관이 발명되었고, 프랑스에선 프랑스 혁명이 일어나 왕가가 몰락했다. 귀족이나 왕족이 아닌 새로운 계층인 시민 계급이 전문적인 지식과 경제적인 바탕을 가지고 자의식을 성장해 가던 시기이기도 했다. 괴테는 시민 혁명과 산업 혁명의 역사의 증인이었다. 거칠고 험한 변화의 중심을 살아 내기만 한 것이 아니라, 온몸과 영혼으로 느끼고 작품을 통해 시대의 현장을 예술적으로 승화시켜 보여 주었다.

25살 때인 1774년 발표한《젊은 베르테르의 슬픔》으로 이른바 인기 작가이자 베스트셀러 작가가 되었고 독일에서뿐 아니라 유럽 전역에서 명성을 얻었다. 자유연애와 자살이란 소재로 명성만큼이나 큰 논란을 일으키기도 했다. 이후에는 시, 소설, 희곡, 기행문 등 많은 장르의 작품들을 썼는데 항상 시대적 고민과 인간에 대한 꾸준한 탐구를 담았다.

그러나 괴테의 대표작이자 독일 문학사에서뿐 아니라 인간의 문자로 이루어진 가장 아름다운 작품은 역시《파우스트》였다.《파우스트》는 그의 전 생애를 통과하는 위대한 작품이지만, 해석하기가 어려워 지금까지도 끊임없이 논란이 일고 있는 작품이기도 하다.

괴테는 문학가로서 삶의 문제를 경험하고 탐색하기도 했지만 믿을 수 없을 만큼 다른 여러 학문과 분야를 연구했다. 바이마르의 재상으로 정치를 하기도 했고 광산업과 극장 감독, 자연 과학 분야의 해부학과 색채학을 통해서 인간과 삶에 대해 이해하려고 노력했다.

괴테의 생애

● 1749

8월 28일 독일 프랑크푸르트 암 마인에서 태어났다. 아버지는 황실 고문관이었으며 어머니는 활발한 성격으로 부유한 시민 가정이었다.

● 1759

10세
인형극으로 〈파우스트〉를 처음 봤다.

● 1765

16세
라이프치히 대학교 법학과에 들어갔지만 큰 흥미를 느끼진 못했다.

● 1771

22세
《파우스트》를 써야겠다고 생각했다. 프랑크푸르트에서 변호사로 일했지만, 문학에 더 많은 열정을 쏟았다.

● 1774

25세
《젊은 베르테르의 슬픔》을 썼다. 작가로서 명성을 얻기 시작했다.

● 1776

27세
바이마르에서 정치와 광산에 관련된 직책을 맡았다.

● 1779

30세
산문 〈이피게니에〉를 써서 연극으로 올렸다.

● 1780

31세
광물학 연구를 시작했다. 희곡 〈타소〉를 쓰기 시작했다. 《파우스트》의 첫 원고를
낭독했다.

● 1781

32세
해부학에 열중했고 학교에서 해부학 강의를 했다.

● 1785

36세
식물학 연구에 몰두했고 《빌헬름 마이스터의 연극적 사명》을 썼다.

37세

이탈리아를 여행했다.

38세

《파우스트》를 썼다.

40세

평민인 크리스티아네와의 사이에서 아들 아우구스트가 태어났다.

41세

두 번째 이탈리아 여행을 갔다. 색채론과 비교 해부학 연구에 열정을 쏟았다. 젊은 문학가인 쉴러와 알게 되었다.

42세

바이마르의 궁정 극장 감독으로 일했다. 자연 과학에 대해 강연을 했다.

49세

《파우스트》를 포기하려 했지만 쉴러가 용기를 주어 다시 시작했다.

● 1805

50세

서로 작품에 영향과 자극을 주던 쉴러가 사망하자 큰 충격을 받고 슬픔 속에서 지냈다.

● 1806

57세

《파우스트》 1부를 완성했다. 크리스티아네와 결혼했다.

● 1808

59세

《파우스트》 1부가 책으로 나왔다.

● 1816

67세

《이탈리아 기행》 1부를 완성했다. 아내 크리스티아네가 사망했다.

● 1829

80세

〈파우스트〉 1부가 공연되었고 《이탈리아 기행》, 《빌헬름 마이스터의 편력 시대》를 완성했다.

● 1831

82세

자서전 《시와 진실》을 썼다. 《파우스트》 2부를 완성하고 자신이 죽은 후에 발표하라고 유언했다.

● 1832

83세

다시 《파우스트》 원고를 펼쳐 고쳤다. 3월 22일 사망했다.

《파우스트》에 대하여

괴테의 《파우스트》가 워낙 유명하고 이를 바탕으로 만들어진 영화, 오페라, 소설 등이 많아서 많은 사람이 《파우스트》를 괴테의 창작물로 알고 있다. 하지만 16세기에 파우스트라는 연금술사이자 마법사가 유럽에 살았고 그에 대한 괴상한 소문과 전설이 이미 널리 퍼져 있었다. 이 소재로 1620년엔 영국에서 크리스토퍼 말로가 〈파우스트 박사의 삶과 죽음에 관한 비극적 이야기〉를 쓰기도 했다.

그러나 괴테는 오래된 전설을 그대로 옮기는 것이 아니라, 파우스트 박사라는 인물을 통해 자신의 시대와 인간이라면 맞닥뜨릴 수밖에 없는 근본적인 문제를 보여 주려 했다. 그가 10살 때 인형극을 통해 처음 만나게 된 다음부터 죽기 일주일 전까지 《파우스트》는 60년에 걸친 그의 생과 함께했다. 물론 계속 이 작품에만 매달려 있었던 건 아니지만, 그의 철학과 삶에 대한 통찰이 그대로 스며든 작품일 수밖에 없다.

구성면에서 《파우스트》는 크게 1808년에 나온 1부와 괴테가 죽은 다음인 1832년에 나온 2부로 나누어져 있으며 총 12,111행으로 이루어져 있다. 그러나 1부와 2부의 연속성이나 2부 각 막에서의 연속성을 찾기 어렵다. 오히려 각 부분이 단편적이고 독립적으로 이루어져 있으며 이러한 작품의 특성에 대해서는 괴테 자신도 인정하기도 했다. 이렇게 파악하기 어려운 작품임에도 불구하고 지금까지도 《파우스트》는 가장 깊이 있고 뛰어난 인간에 대한 문학으로 평가받는다.

《파우스트》 1부

뛰어난 학자인 파우스트는 많은 연구와 노력을 했지만, 우주의 원리와 진실을 얻지 못해 절망한다. 그때 악마 메피스토펠레스가 나타나 파우스트에게 제안한다. 온 세상을 보여 주고 경험하게 해 주겠지만, 파우스트가 만족해서 머무르길 원하는 순간이 있으면 그의 영혼을 가져가겠다는 계약을 맺는다.

파우스트는 메피스토펠레스의 도움으로 젊음을 되찾아 중세로 간다. 그곳에서 순수하고 소박한 아가씨인 그레트헨과 사랑에 빠진다. 그러나 몰래 파우스트를 만나기 위해 메피스토펠레스가 건넨 약을 먹은 그레트헨의 어머니가 죽게 된다. 그뿐만 아니라 파우스트는 그녀의 오빠와 싸우다 그를 죽인다. 불행과 고통 속에서 그레트헨은 파우스트의 아이를 낳지만 이미 그녀는 정신이 온전하지 못한 상태였다. 그녀는 갓난아이를 연못에 빠뜨려 죽이고 감옥에 갇힌다. 그녀는 이 세상에서 죄를 짓고 죽음을 맞이하지만, 끝까지 신을 의지하고 용서를 빌어 구원을 받는다.

《파우스트》 2부

1막 : 근대로 넘어와 궁중 생활을 하며 넓은 세상을 경험한다. 그곳에서 헬레네의 아름다움에 빠진다. 메피스토펠레스가 마구 지폐를 찍어 몰락하기 직전 황제의 세상을 구해 주는 듯이 보인다.

2막 : 파우스트의 제자인 바그너를 만난다. 바그너는 연금술과 과학으로 인조인간인 호문쿨루스를 만든다. 호문쿨루스에 의해 파우스트는 헬레네가 있는 고대 그리스로 간다.

3막 : 스파르타의 헬레네와 메넬라오스의 궁전이 무대이다. 파우스트는 헬레네와 만나 아들 오이포리온을 낳고 잠시 행복한 나날을 보낸다. 그러나 오이포리온이 하늘을 날다가 죽고 헬레네는 사라진다.

4막 : 황제의 군대가 승리를 하도록 도와준다. 그 보답으로 바닷가의 가장 쓸모없는 땅을 받게 된다.

5막 : 자유와 평등이 있는 새로운 세상을 만들기 위해 성을 만들고 토목 공사를 한다. 그 와중에 많은 사람이 희생되고 파우스트는 과로로 눈이 먼다. 100세의 나이로 죽음에 이르게 된 파우스트의 영혼을 메피스토펠레스가 가져가려 하지만, 신은 그를 구원하고 그의 영혼은 하늘로 올라 그레트헨을 만난다.

1. 파우스트는 왜 메피스토펠레스와 계약을 했나요? (3장 참고)

2. 파우스트가 메피스토펠레스와 한 계약에서 "멈추어라. 순간이여,

    참 아름답구나."는 무슨 의미일까요? (3장 참고)

3. 파우스트가 황제에게 황무지를 받아 공사한 이유는 무엇인가요? (5장 참고)

4. 작품 속에 나오는 "인간은 노력하는 한 방황한다."는 어떤 의미일까요?

(5장 참고)

5. 그레트헨은 죄를 짓고 죽지만 하늘에선 구원받았다는 소리가 들려왔습니다.

그레트헨이 구원받은 이유는 무엇일까요? (6장 참고)

---

6. 파우스트는 메피스토펠레스의 도움으로 화폐를 만들어 황제의 인정을

받습니다. 작품에서 화폐 제도에 관한 부분이 뜻하는 것은 무엇일까요?

(4장 참고)

1. 파우스트는 철학, 신학, 법학, 의학 등 인간이 이룩한 지식을 모두 공부한 열정적인

   학자였다. 그러나 그가 원하는 것은 이 세상의 진리에 다다르는 것이었다.

   그러기엔 그는 이미 늙었고 그가 이룩한 것은 유명한 학자로 남기엔 충분했지만

   완벽한 진실, 영원한 우주의 진리에는 다다르지 못했다. 그는 절망한다. 동시에

   절실하게 원한다. 자연의 모든 진리를 얻을 수만 있다면 악마에게 영혼이라도 팔

   수 있다고 한다. 그리고 절대적인 진리에 도달하지 못할 바에는 스스로 목숨을

   끊는 것이 낫겠다고 생각한다. 그때 악마 메피스토펠레스가 파우스트 앞에 나타나

   젊게 해 주고 세상을 모두 보여 줄 테니 만약 네가 어느 순간에 만족한다면 그

   영혼을 가져가겠다고 하고 둘은 계약을 하게 된다.

2. 부와 권력과 명예, 즐거움 등 세상의 어떤 한 순간에 만족해서 더는 나아가길

   원하지 않고 그 순간을 그대로 즐기기만을 원하는 때가 오면 메피스토펠레스는

   고귀한 가치와 신의 뜻을 알아보겠다는 파우스트가 진 것으로 알고 그의 영혼을

   신이 아닌 자신이 가져가겠다고 한 것이다.

3. 무능하고 부패한 황제가 지배하는 세상에서 벗어나 새로운 땅에서 성실하고

   부지런한 사람들과 독립적이고 새로운 세상을 만들고 싶었다. 파우스트는 바다를

메우고 성을 만들고 제방을 쌓았다. 평화롭고 자유로운 땅에서 평화롭고 자유로운 사람들과 아름다운 나날을 보내는 것이 꿈이었다. 그는 이 꿈을 위해 눈이 멀어 버릴 정도로 노력했다.

4. 파우스트는 신과 자연의 진리를 얻기 위해 고대와 중세로 가고 철학자와 신화 속 인물들, 아름다운 여인을 만난다. 그는 인간이 얻을 수 없는 가치를 얻으려 노력한다. 이렇게 노력하는 인간은 언제나 도전하고 모험을 하고 실패도 할 수밖에 없다. 그러나 인간의 위대한 점은 그 방황과 실수 속에서도 끝없이 노력한다는 것이다. 괴테는 숭고한 이상을 위해 끊임없이 노력하는 파우스트의 삶을 통해 한계에 부딪혀도 끊임없이 노력하는 인간의 가능성을 가장 소중한 가치로 보았다. 고귀한 삶의 의미를 추구하는 부지런하고 성실한 인간에게 세상은 반드시 그 보답을 한다는 의미도 지니고 있다.

5. 그레트헨은 소박한 꿈을 가진 평범한 아가씨다. 그러나 파우스트를 만나 자신의 어머니를 죽이고 아이를 낳고 미쳐서 그 아이를 죽이게 된다. 파우스트는 악마 메피스토펠레스의 도움으로 그레트헨을 감옥에서 구하려 하지만 그녀는 거부한다. 그레트헨은 죽음을 앞두고 자신의 죄를 피하지 않고 참회하며 용서를

빌면서 신의 뜻과 순리에 따르려 한다. 그녀는 잘못했지만 죄를 인정하고 순수한

영혼을 마지막까지 가지고 있었기 때문에 신으로부터 구원의 목소리를 들을 수

있었다.

6. 황제는 화폐를 무제한으로 찍어 내어 부족한 물건을 마구 사들이고 밀린 월급도

해결하려 한다. 그러나 종이돈은 종이 쪼가리보다 못한 가치가 되어 버리고 더 큰

위기에 처한다. 괴테 시대에 이미 산업 혁명이 유럽에서 시작되고 있었으며, 돈의

위험성에 주의를 기울이지 않고 경제적 가치와 부유함만을 추구하는 분위기가

조금씩 시작되고 있었다. 이 에피소드는 이러한 위험성에 대한 경고와 우려를

나타낸다. 그리고 이것은 그의 작품 속 이야기에서 끝나지 않고 그의 걱정대로

현대 자본주의에 와서 현실로 닥친 문제가 되었다.